スコットランド全史
「運命の石」とナショナリズム

shiaki

a pilot of wisdom

目次

第三章　独立戦争

第四章　予言の成就、そして現代へ

新教国になっていた母国／夫ダーンリーの変死／追い詰められる女王／
イングランド王位請求権／エリザベス暗殺計画／ジェイムズ一世誕生／
永遠のメアリ

二、故郷への帰還

優しい警備員／人のいい警官／アベイに出たり入ったり／
ハロッズの前で石を落とす／お咎めなし／戦後のナショナリズム／
仕込まれたメッセージ／一世か、二世か／続いた奪還の試み／英国首相の声明

エピローグ　スコットランドよ、何処へ

どれだけの人が知っていた？／近代になってからの問題／
簡単にはできない住民投票／スコットランド人の君主エリザベス二世／
UKの王を捨てられるか／独立とは大変なこと／平和的なスコッツ／
出て行った先の世界は……／運命の石は本物？　偽物？／
歩んできた歴史が大切

図版作成／ＭＯＴＨＥＲ

スコットランドの
歴史的重要地
エルギン
バンフ
インバネス
マウンス
ネス湖
アバディーン
ディー川
ガーモラン
ハイランド
アーブロース
スクーン
ダンディー
パース
セント・アンドリューズ
アイオナ島
フォース川
フォース湾
スターリング
バノックバーン
ダンバー
フォルカーク
エディンバラ
グラスゴー
ローランド
ベリック
アーバイン
ツイード川
エア
セルカーク
アナンデール
キャリック
キンタイア半島
ニューカッスル
カーライル
イングランド

スコットランド王家とイングランド王家の合体

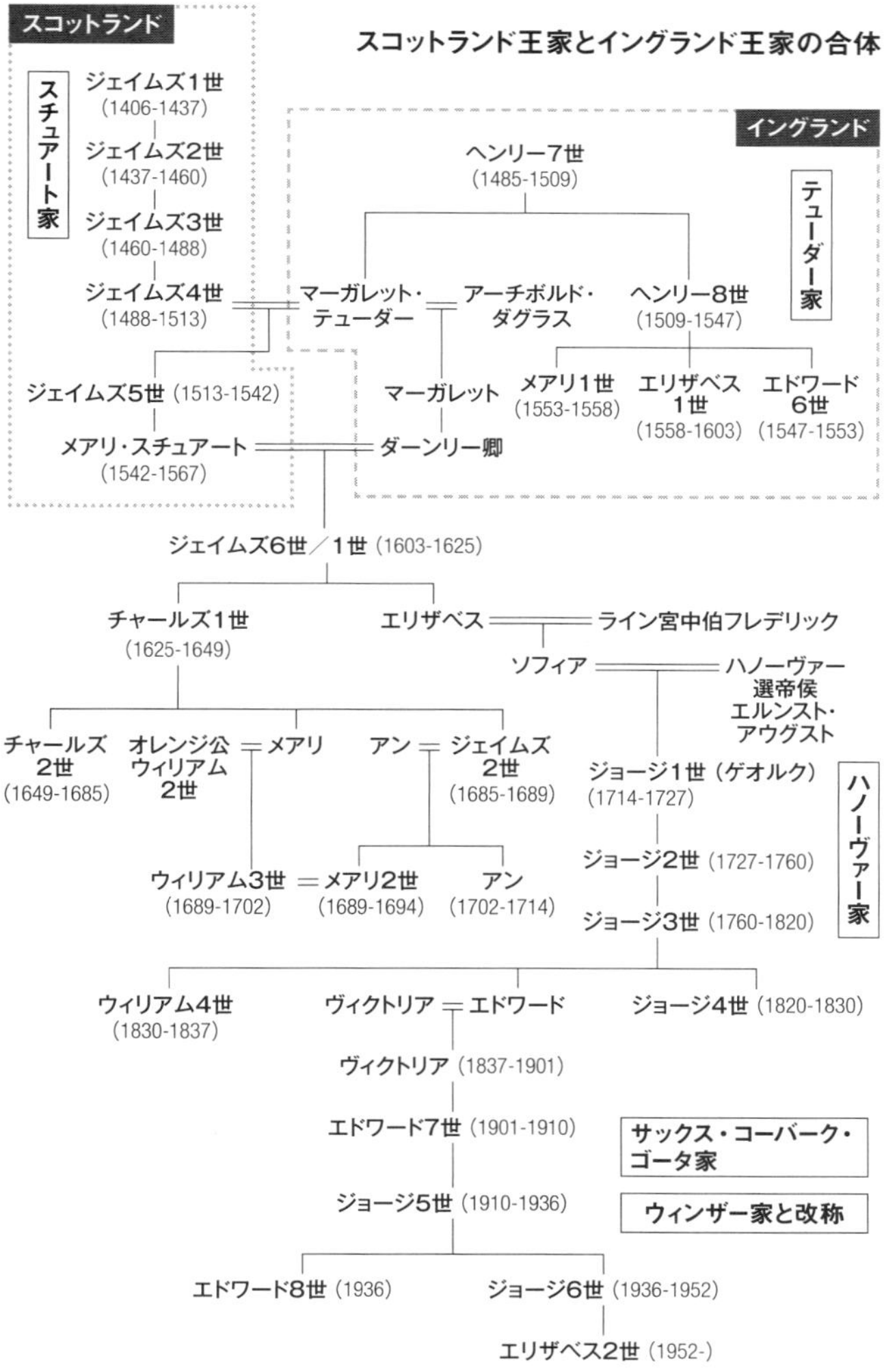

スコットランド王

＊（ ）は在位

アルビン家

① ケニス・マカルピン（843-859）
② ドナルド1世（859-863）
③ コンスタンティン1世（863-877）
④ エイ（877-878）
⑤ ヨーカ（878-889）
⑥ ドナルド2世（889-900）
⑦ コンスタンティン2世（900-942）
⑧ マルカム1世（942-954）
⑨ インダルフ（954-962）
⑩ ダブ（962-967）
⑪ カレン（967-971）
⑫ ケニス2世（971-995）
⑬ コンスタンティン3世（995-997）
⑭ ケニス3世（997-1005）
⑮ マルカム2世（1005-1034）
⑯ ダンカン1世（1034-1040）
⑰ マクベス（1040-1057）
⑱ ルーラハ（1057-1058）

カンモア家

⑲ マルカム3世
（カンモア、1058-1093）
⑳ ドナルド3世（1093-1094）
㉑ ダンカン2世（1094）
㉒ ドナルド3世（1094-1097）
㉓ エドガー（1097-1107）
㉔ アレグザンダー1世（1107-1124）
㉕ デイヴィッド1世（1124-1153）
㉖ マルカム4世（1153-1165）
㉗ ウィリアム1世（1165-1214）
㉘ アレグザンダー2世（1214-1249）
㉙ アレグザンダー3世（1249-1286）
㉚ マーガレット
（ノルウェーの乙女、1286 - 1290）
㉛ ジョン・ベイリオル（1292-1296）

ブルース家

㉜ ロバート1世（1306-1329）
㉝ デイヴィッド2世（1329-1371）

スチュアート家

㉞ ロバート2世（1371 - 1390）
㉟ ロバート3世（1390-1406）
㊱ ジェイムズ1世（1406-1437）
㊲ ジェイムズ2世（1437-1460）
㊳ ジェイムズ3世（1460-1488）
㊴ ジェイムズ4世（1488-1513）
㊵ ジェイムズ5世（1513-1542）
㊶ メアリ・スチュアート（1542-1567）
㊷ ジェイムズ6世
（スコットランド王として1567-1625、同君連合の王ジェイムズ1世として1603-1625）

上記①～㉛までの王の内で、㉚マーガレット（ノルウェーの乙女）を除く30人の王がスクーン修道院の運命の石に座って、スコットランド王として戴冠した。
また、㊷ジェイムズ6世はウェストミンスター・アベイの運命の石が収められた戴冠の椅子に座って、イングランドとスコットランド同君連合の王ジェイムズ1世として戴冠した。以降、現エリザベス2世女王まで全ての王はウェストミンスター・アベイの戴冠の椅子に座って戴冠の儀式を執りおこなっている。

プロローグ　スコットランドの魂

一風変わった宝物

スコットランドの首都エディンバラ。世界遺産になっているこの美しく荘厳な歴史都市の顔ともいえるのがエディンバラ城です。その城内の宮殿二階には、スコットランドの宝器を収めたクラウンルームと呼ばれる部屋があります。ここにはスコットランド王国の王冠、御剣、王笏《おうしゃく》といった、まばゆいばかりの由緒ある素晴らしい品々が展示されています。

そんなクラウンルームに一風変わった、ある「宝」が置かれています。それは、重さ一五二キログラム、サイズは六七〇×四二〇×二六五ミリメートル、ダイヤもルビーもエメラルドも、金や銀も装飾されていない、ほぼ直方体の、なんの変哲もない、どこにでもあるようなふつうの石。これが「運命の石」（Stone of Destiny）と呼ばれるものです。

——ただの石がスコットランドの宝物を収めた部屋にあるなんて、どういうこと？——

そう思う人がいても全く不思議はないでしょう。しかし、一見とても宝とは思えないものがここにあるのには理由があります。なぜなら、運命の石は王冠、御剣、王笏とはそもそも質的に全く違った、至宝などというありきたりの言葉の範疇《はんちゅう》をはるかに超えた、スコットランドの魂というべき大切な存在だからです。

運命の石とは、いったいなんなのでしょうか。

「運命の石」という名の由来

ブリテン島北部地域がスコットランドと呼ばれるようになるはるか前から、この地域の代々の王たちは、この運命の石に座ることによって神聖な戴冠の儀式を執りおこなってきました。古き言い伝えによれば、王にふさわしい正しい血統の者が座ると石は声を出して呻《うめ》き、王位を簒奪《さんだつ》しようとたくらむ邪《よこしま》な心を持った者が座ると、石は沈黙を守ったということです。つまり、王位を望む者は、そういう神秘的な力をもつとされ、それゆえ畏敬されてきたこの石の審判を経て初めて、人々に祝福された王となることができたのです。

この石はなにゆえ運命の石と呼ばれてきたのでしょうか。大事な点です。右に述べた王を審判するという意味だけでも王位を望む者の運命を左右するわけで、十分運命の石と呼ばれてもいい気がします。が、そう呼ばれるもっと直接的な理由があります。

一四世紀の終わり、スコットランド北東部アバディーンの修道士ジョン・フォーダンが*Chronicle of the Scottish Nation*（『スコットランドの年代記』）という書物を著しました。そのなかに、この石にまつわる昔からの、次の有名な予言が記載されています。

"Unless the fates are false, the Scots will reign. Where'er the fatal stone they find again."

――運命が欺かない限り、この石のあるところ、われらスコット人が統治する。――

（『スコットランドの年代記』第一巻二七章　筆者訳）

かつて運命の石にはこの予言を刻んだ金属プレートがつけられていたともいわれており、フォーダンの本に表された「運命」という言葉を含んだなかなかにドラマチックな文言が、その後のスコットランドの年代記モノや著作物等に引用され、「運命の石」という呼び名が定着していったようです。

なお、長い時が過ぎたあと、この予言が劇的に輝く日がやってきますが、それはまた本文でのお楽しみということにして、こんなミステリアスな運命の石は、古《いにしえ》からずっとブリテン島北部地域にあったものではなく、外から持ちこまれたものであると伝わっています。

旅をしてきた石

そもそも運命の石は、『旧約聖書』「創世記」に登場するヘブライ人の族長ヤコブが枕にした石であるという、古くからの言い伝えがあります。ヤコブはハランに向かう途中、ベテル（現在のエルサレムの北にある町）というところまできたとき、日がくれたので、そこにあった石を枕にして眠りました。すると夢のなかに神が立ち、その言葉を聞いたヤコブは以降、神にしたがい生きることを誓います。つまり枕にした石は神を現出させた神聖なものでした。

その後、この運命の石は諸々《もろもろ》の理由でパレスチナからエジプト、スペインを経て、アイルランドの伝説的聖地であるタラの丘に置かれました。石は旅をしてきたというわけです。そして六世紀、アイルランド人（スコット人）のキリスト教高位修道士とともに、ブリテン島北部地域のアイオナ島にもたらされました。

と、ここまでは信じるも信じないも自由の説話・伝説の領域です。しかし、九世紀のなかごろ、ブリテン島北西部のスコット人のダルリアダ王国と北東部のピクト人の王国が統合され、スコットランド王国の原型であるアルバ王国が誕生すると、石はこの新王国の首都であるスクーンに移されます。運命の石がストーン・オブ・スクーン（Stone of Scone）とも呼ばれるのはそのためですが、[*1] もうこのあたりは伝説ではなく、歴史の世界です。

以来、スクーンで最初に運命の石に座ったケニス・マカルピンから、一三世紀末のジョン・ベイリオルまで、三一人のスコットランドの王のうち、ほとんどの王がこの石に座りました（一二ページ表参照）。シェイクスピアで有名なマクベスも座りました。もっとも、あの史劇で描かれたマクベスは、シェイクスピアの創作ですが。ともあれ、いつしか運命の石は歴史に存在する、スコットランドの象徴、魂となっていたのです。

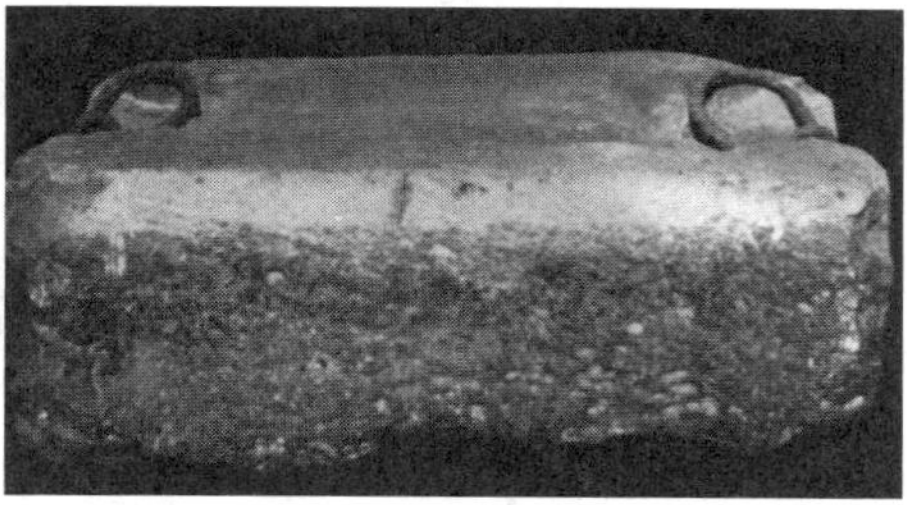

運命の石（写真：PA Images / Alamy Stock Photo）

イングランドが奪い取る

ところが一二九六年、大変なことが起こります。とんでもない剛の男が、スコットランド人がこれまで対したこともない強力な騎兵を中核とした大軍を率いて南から侵攻してきました。イングランド国王エドワード一世です。

東ローマ皇帝ユスティニアヌスにもたとえられた卓越した行政官であると同時に、天才的な軍事指揮官であったこのイングランド国王は、それまでイングランドに押されながらも独立はなんとか保っていたスコットランドを蹂躙《じゅうりん》しました。その結果、スコットランドはとうとう独立を失いました。そして、スコットランドのシンボルである運命の石は、征服の証《あかし》としてエドワード一世にスクーンからロンドンへと持ち去られてしまったのです。

が、世の中、先はまったくわからないもの。だからこそ歴史は面白いというかスリリングというか。スコットランドがそれでもついていたのは、こんな歴代最強最優秀との評価があるイングランド国王エドワード一世の跡取り息子で次代の王エドワード二世となる男が、父とはまったく真逆の、英国史一、二を争う愚王でした。加えて当の勇猛王エドワード一世は、スコットランドを征服したころは人生の終盤に差しかかっており、病もかかえていました。

ほどなくスコットランドで反イングランド勢力が盛り返し、エドワード一世は再び遠征に赴くものの、途上の陣中で没します。その直前、老王は死の床に息子を呼び、自分が死んだらこの身を大釜で茹《ゆ》で、皮や肉をすべて剝ぎ骸骨にして袋に入れ、スコットランド人との戦場にいつも持ち運べ、そうすればスコットランド人はおそれをなしてわが軍は常に勝つと、鬼神のごとき遺言を残したそうです。あの五丈原《ごじょうげん》の戦いで、自分そっくりの人形を作り軍の先頭に立てよと言い残して病没したと伝わる諸葛孔明《しょかつこうめい》をも凌《しの》ぐような猛将ぶりです。

しかしそんな父親の凄《すさ》まじい遺言をも聞かず戦いがいやで仕方がないエドワード二世は、父が死ぬとさっさと撤退命令を発し、軍をロンドンへ引き上げました。ためにイングランドはスコットランドを服従させる勝機を永遠に失いました。

エドワード一世亡きあとのイングランド国王がこんな人物だった幸運もあり、ロバート・ブルース（ロバート一世）率いるスコットランドの人々は、この「スコットランド独立戦争」と呼ばれるスコットランド史上最大の危機を戦い抜き、勝利し、独立を再び取り戻すことができました。

けれどもブルースたちは、いったん奪われた運命の石を取り戻すことはできなかったのです。そのままずっと、運命の石は「敵地」ロンドンのウェストミンスター・アベイ（寺院）に置かれたままでした。

故郷スコットランドへ

それから長い時間が、本当に長い時間が経《た》った一九九六年七月四日。イギリスの新聞「ザ・タイムズ」の一面に、ある記事のヘッドラインがドンと出現しました。

"Stone of Scone goes home to Scotland after 700 years"
——ストーン・オブ・スクーン、七〇〇年のときを経て故郷スコットランドへ——

そう、この記事が載る前日の七月三日。当時のジョン・メイジャー英国首相は運命の石をスコットランドに返すことを英国議会で表明しました。エドワード一世がスコットランドから強奪して七〇〇年後のことです。

私事ですが、筆者はこのときUCL（ユニバシティ・カレッジ・ロンドン＝ロンドン大学）の史学科大学院に留学中で、「インディペンデント」紙より値段が多少安く、内容も同紙と比べ大衆寄りの「タイムズ」紙はちょくちょく買っていました。その日も大学へ行く途中で求めた「タイムズ」紙を見、突然七〇〇年を飛び超えて目前に現れた運命の石という歴史に、時空感が麻痺《まひ》するような興奮を覚えました。

それから四カ月ほど後の一九九六年一一月一五日。筆者はそのころ住んでいたロンドン北部フィンチリー・セントラルの自宅フラットで、じっとBBCのテレビ中継を見ていました。一台の車がイングランドを北上し、スコットランドを目指しています。その車を、テレビカメラを搭載したヘリコプターが上空から追い、刻々と映像を生で送っています。運命の石を運ぶ車でした。

やがて車は、イングランドとスコットランドの境界を、いえ、両地域の歴史的経緯を考えれば国境と言ってもいいエリアを流れるツイード川に至ります。そしてそこに架かる橋のなかほどで簡単な引き渡し式を終えると、車は再び動き出しスコットランド側の「国境の町」コールドストリームに入りました。すると、どうでしょう。人々が次から次へと道路沿いに出てきて、ある人々は車と並走しながら、またある人は手を振って、エディンバラへと向かう車を見送っています。

驚くべき光景でした。イングランドを北上しているときは沿道に出て車を見る人をテレビで確認できなかったのに、スコットランドに入った途端、こうなのです。その後もずっとスコットランド内を進む車の様子をテレビで見ていましたが、沿道で迎える人たちの姿が途絶えることはありませんでした。スコットランドの人々がいだく運命の石への思いを、このとき、垣間《かいま》見《み》た気がしました。

冒頭で述べた、いまエディンバラ城のクラウンルームに展示されている運命の石は、こういう経緯で故郷に戻ってきたものだったのです。それにしてもなぜ、現代になって運命の石がスコットランドに返されたのでしょう。単なる英国政府の思いつきで、突然返還することになったのではないはずです。必ず理由があります。

現代になってなぜ返還?

今日、スコットランドには独自の議会と政府があります。国(UK = United Kingdom of Great Britain and Northern Ireland)が権限を留保する憲法事項、防衛、外交、エネルギーなどの分野をのぞき、スコットランド議会には保健衛生、教育、運輸、経済開発、投資、観光など多彩な分野に関する第一次立法権が付与され、スコットランド政府がこれらを担えるようになっています。一九九七年にトニー・ブレア労働党政権が誕生して、スコットランドを筆頭にウェールズ、北アイルランドといったUKを構成する各地域の地域分権拡大が進みました。

こうした地域分権拡大に至った背景には第二次世界大戦後、とくにスコットランドにおいては一九七〇年代以降、自治権要求、議会設置要求の一層の高まりがありました。とりわけ北海油田の開発の進捗で経済的自立にも自信を持ってきたスコットランドは、自治権獲得要求もさることながら、さらに先鋭な自立要求、すなわちＵＫから離脱して独立を目指す声が徐々に膨らみつつありました。

そんな流れのなかでの運命の石返還決定だったのです。これが英国中央政府の、スコットランドの人々をなだめる政策の一つ、つまり「アメ」だったと見ても、あながちはずれということはないでしょう。「運命の石を返すから、あまりわがままをいわないで」とでもいうか。七〇〇年経って担ぎ出された運命の石は、だから歴史的遺物（relic）であると言いきってしまえるような、役目をとうに終えたものではない、ということです。

自治拡大から独立へ

そのスコットランドの動きは、運命の石が戻ってきてからも、ますます加速しています。いや、むしろ戻ってきたあたりから、さらにスコットランド・ナショナリズムに火がついた観があります。

二〇一四年九月一八日には、スコットランド全域でＵＫ離脱を問う住民投票が行われました。

こういう法的な拘束力がある、大切な事柄を問う住民投票は英国首相の承諾、すなわち英国中央政府の同意がないと実施できません。中央政府には住民投票を止めるための奥の手があるのです。

しかしこのとき、デイヴィッド・キャメロン首相は、事前の世論調査で独立反対派が多数を取るという確証があったので、よし、と住民投票にゴーサインを出しました。が、ふたを開けてみれば、大接戦。辛うじてスコットランドの独立は否決されましたが、キャメロン首相は冷や汗ものでした。

そして二〇二一年五月六日。この日投票が行われたスコットランド議会の選挙で、二〇二〇年に亡くなった名優ショーン・コネリーもメンバーだったSNP（Scottish National Party＝スコットランド国民党）を主体とする独立賛成派は、とうとう議会の過半数を制しました。少なくともスコットランドの人々は、彼らの議会選挙を見る限り、独立の選択をしました。UK離脱への動きは新ステージに入ったのです。

スコットランドではこれに勢いを得て、再度の住民投票を求める気運が高まっています。中央政府は前回肝を冷やしましたから、こんな状態になっては、もちろん簡単にOKを出すはずがありません。国防の要である英国唯一の戦略核ミサイルを搭載した原子力潜水艦の基地をもつスコットランドに出て行かれては、英国はとんでもないことになります。

役目を終えた歴史的遺物？

けれども他方で、英国（ＵＫ）自体はＥＵ離脱を決めています。イングランドとの抗争の歴史から敵の敵は味方と、スコットランドはイングランドの天敵フランスと古くより同盟を結び、共同でこの敵と戦ってきました。スコットランドは伝統的に親フランスであり、英国のＥＵ離脱には一貫して反対してきました。

もし仮に再び住民投票が行われれば、今度こそ独立派が勝つのでしょうか。いや、前回がそうだったように、住民投票はスコットランド議会の選挙とはまた別物です。独立の是非は人々が本気になって、熟慮に熟慮を重ねることでしょう。ＵＫから離脱するということは、未来が本当にどうなっていくかわからない、保証もない、スコットランドにとっても大変な選択になるはずです。

それでも、もしもスコットランドが独立してしまった場合、運命の石はどうなるのでしょう。かつてエドワード一世はこの石をロンドンに持ち帰ると、それが座板の下に収まる特別の戴冠の椅子というものを職人に作らせました。以来、歴代のイングランド国王はこの戴冠の椅子に座って、つまり椅子の座板を間にじかではないけれども、一応運命の石に座るという形になって、ウェストミンスター・アベイで戴冠式を挙行してきました。現エリザベス二世女王もこの椅子に座って戴冠しており、その際の写真もしっかり残っています。

そんな歴史的経緯もあり、英国中央政府は運命の石を返すとき、スコットランド側にある申し入れをしました。次の英国君主が戴冠するとき、石を一時的に貸してほしいと。これまでの伝統に則《のっと》って石をまた戴冠の椅子に収めて、新国王の戴冠式を挙行したいと。

もしもこのときスコットランドがＵＫを離脱していて独立国になっていたら、「外国」の英国に運命の石をすんなり貸してくれるでしょうか。なにか、ひと悶着《もんちやく》起きそうです。いや、独立しておらず現状と変わりなくとも、スコットランドが素直に運命の石を新君主の戴冠式に、一時的に貸すことを承知するでしょうか。

再度言いますが運命の石をめぐる問題は、決して終わってはいません。この石は、過去からの、そしてこれからもスコットランドとイングランドの関係の、大きなカギとなるのは確かでしょう。

運命の石は英国史のカギ

本書はこのような、わが国ではあまり知られていない運命の石について語っていくものです。まず運命の石がどういう由来を持ったものであるのかを記していきます。それが歴史的には確認しようがなく、常識的には史実とはとても言いがたいものでも、この石にまつわる言い伝えは、迷うことなく紹介していくつもりです。なぜならそうした伝説や説話の類いは、スコットランドの人々の豊かな創造力が産み出した文化遺産だからです。

そのうえで、ピクト人、スコット人と称されるケルトのゲール人、ゲール人とはまた違うケルトのブリトン人、アングロサクソン人、ヴァイキング、そしてノルマン人と、多彩な人々によって構成されたスコットランド王国が出現してくるまでの実際の歴史を見ていくことにします。豊かな伝説に包まれた運命の石を擁するスコットランドが、現実にはどんな道を辿《たど》ってきたのか。正しい流れを押さえておくことは大切です。

そう歴史を押さえてから、前述の一三世紀末から一四世紀はじめにかけてのスコットランド独立戦争を本書の柱の一つとして追ってみます。イングランドによる運命の石の強奪が間違いなくそのはじまりの一つの要因でもあるスコットランド独立戦争は、それまでイングランド側についたりスコットランド側についたり、とかく勢いと利のあるほうに走りがちだったスコットランド貴族たちを団結させました。今日的なスコットランド人意識は、この戦いを通じて形成されたのです。

もちろん近代から現代にかけての、運命の石にまつわる動きも見逃せません。石の奪還を叫ぶスコットランド愛国者たちはなにやら行動を開始します……。

なんの変哲もないただの赤色砂岩。しかし、この運命の石をめぐるドラマは、イングランドとスコットランドのせめぎ合いを大きく巻き込んで展開された、ちょっと違ったアングルから眺める、しかし紛れもない英国史です。それでは、本書をお楽しみください。

註

＊1　スクーン（Scone）はスコーンとも発音されます。筆者がかつてロンドンで耳にしたときは、地名をいう場合はスクーンが、運命の石をいう場合はストーン・オブ・スコーンと言っている人が少なくない気がしました。なお諸説ありますが、よくアフタヌーンティーで出てくるイギリスの代表的菓子のスコーンは、ストーン・オブ・スコーンに名も形も由来するといわれています。

第一章　伝説から辿る「運命の石」のはじまり

一、パレスチナからエジプトへ

文献に記された石

スコットランドの代々の王たちがそのうえに座って戴冠の儀式を執りおこなってきた運命の石。もちろん古くからスコットランドに存在するものには違いありません。が、この儀式の様子が初めて文献に記されたのは、実は一四世紀後半になってからです。

その史料とは、プロローグでもふれた一三八〇年代に修道士ジョン・フォーダンが著した歴史書『スコットランドの年代記』です。この書には運命の石やスコットランド人の先祖のこと、そして歴代の王のことなど、スコットランドの歴史についていろいろ記されているのですが、そのなかに一二四九年、スクーン修道院で行われたスコットランド王アレグザンダー三世（在位：一二四九―八六）の戴冠式の様子を述べた箇所があります。

王が玉座、すなわちその王の石に座している間、式に臨んだほかの貴族たちは跪《ひざまず》き、王の足元を自分たちの衣装で賑《にぎ》やかに覆った。さて、この石はアルバ（筆者註：Albania ゲール語でスコットランドのこと）の王の戴冠式のためにこの修道院（筆者註：スクーン修道院）に置かれているものであり、いかなる王も、最初にこの石に座って、王の名を授けられなければ、スコットランドを治めることはできない。スクーンは古の王たちの時代より、アルバの首都であった。

（『スコットランドの年代記』Annals 四八章　筆者訳）*1

これによって、一二四九年にアレグザンダー三世という王が運命の石に座って戴冠式を行ったこと、そしてその前の王たちも同様のことをしたのがわかり、運命の石は王の戴冠式に使われたもの、と知ることができます。では、いったいいつごろから王の戴冠の儀式に使われていたのか。その具体的な時期はここからはわかりません。

ただ、アイルランドから来たスコット人がブリテン島北西部から東部に進出し、アルバ王国を成立させた九世紀半ばごろには少なくともスクーンに運命の石はあり、王の戴冠の儀式に使われていたとするのが、今日の歴史界のコンセンサスです。

また、運命の石が一九九六年にスコットランドに返還されてから実施された科学的調査でわかったことですが、どうやらこの石は外から持ちこまれたものではなく、もともとブリテン島にあったようです。というのも運命の石は赤色砂岩であることが判明したからです。赤色砂岩はスクーン周辺で採れます。つまり地元産らしいのです。

その一方で運命の石には、ヤコブが枕にしたといわれているように、そもそも遠いパレスチナにあって、その後、エジプトに現れ、スペイン、アイルランドを経てブリテン島北部の地にやってきたという、なかなかに壮大な伝説があります。ヤコブの枕といわれたオリジナルの石が旅の途中で壊れ、あるいは消失し、スクーン界隈《かいわい》で再び作られたのでしょうか。でも、言い伝えそのものはしっかりと人々に語り継がれてきたので残っている、ということでしょうか。

一つはっきりいえるのは、運命の石にまつわる伝説を、というか石を含め人々に語り継がれてきたスコットランドのそもそものはじまりからの歴史を、意識して強調もしくは再構成した、いやしなければならない時代があったということです。それは、スコットランド独立戦争が終わったあとでした。

声高に歴史的正統性を語る理由

この独立戦争のあとに、一連の歴史書が世に出ました。まず先ほどから紹介しているジョン・フォーダンの『スコットランドの年代記』が一三八〇年代に、一四一〇年代にはセント・

アンドリューズの修道士アンドリュー・ウィントンの*Orygynale Cronykil of Scotland*（『スコットランド原年代記』）が、そして一四四〇年代にはウォルター・バウアーの*Scotichronicon*（『スコットランド年代記』）が編纂《へんさん》されました。なお最後のバウアーの『スコットランドの年代記』を完成させたものであり、したがって内容的には重複した部分がかなりあります。

独立戦争という、軍事強国イングランドとの激しい戦いを勝ち抜いたスコットランドは、いやがおうでも高まってくる愛国意識のなか、再び取り戻した独立を永続的なものにするために、自分たちの国の歴史的正統性を、教皇を頂点とする西欧世界に主張する必要がありました。これはイングランドを牽制《けんせい》するうえでも大事な作業だったのです。各年代記の著者たちは聖書のなかの物語や当時すでに存在していたさまざまな伝説にも題材をとり、物語としての誇り高いスコットランド史を編纂していきました。

とりわけ、自分たちのルーツが由緒あるものであると明らかにすることは大切でした。すなわち、われらスコットランド人は、ヨーロッパ文明の母体であるギリシアの亡命王子と、その妻であるエジプトのファラオの娘の末裔《まつえい》であるということ――。

今日から考えれば荒唐無稽でも、当時は真面目な話でした。ちょうど一二世紀、ウェールズの修道士ジェフリー・オブ・モンマスが、その著作『ブリタニア列王史』（*Historia Regum Britanniae* 瀬谷幸男訳）で、トロイの王族の血をひくブルータスがトロイの亡命者たちを率いてアルビオン（ブリテン島の古い呼び名）に向かい、ブリタニア王国を建設し初代の王になったとしているように、高貴な血筋の者を自分たちの祖先とするのは年代記などの歴史本にしばしば見られます。

運命の石は、そんな一連の歴史書のなかに、スコットランド人の祖先とともにあった宝、すなわち玉座であったこと、そして先祖と一緒に旅をしてブリテン島にやってきたのだと記されているのです。運命の石の伝説は、したがってスコットランド独立戦争後の民族意識が高揚してきた一四世紀末以降に、スコットランド史の重要なファクターとして年代記等で強調され、あるいは加筆され、よりポピュラーになってきたもの、ととらえることができるでしょう。

では、そんな運命の石の旅を、まずはパレスチナから見ていくことにします。

「創世記」のヤコブの枕

パレスチナは、『旧約聖書』ではカナンと呼ばれる地です。この、『旧約聖書』「創世記」に登場する族長ヤコブの父はイサクであり、イサクの父はアブラハム、つまりヤコブはアブラハムの孫です。

「創世記」によれば、ヤコブにはエサウという兄がいましたが、この兄がヤコブを妬み殺害をたくらんでいました。これを知ったヤコブ贔屓《ひいき》の母リベカは、ヤコブにハランに逃れなさいと助け船を出します。ハランにはリベカの兄、つまり伯父のラバンがおり、そこに匿《かくま》ってもらいなさいということです。

で、前述したようにハランに向かう途中のとある場所でヤコブが一夜を過ごしたとき、枕にしたのがそこにあった石でした。このときみたヤコブの夢は、キリスト教社会の欧米では「ヤコブの梯子《はしご》」(Jacob's ladder) と呼ばれるほど有名で、子供向けの歌もあるほどです。梯子、そうです。ヤコブは夢のなかで天使たちが、地上から天にも達する梯子を上り下りしているのを見ました。その梯子が達した天に神が現れ、ヤコブにこう告げます。

わたしはあなたの父アブラハムの神、イサクの神、主である。あなたが伏している地を、あなたと子孫とに与えよう。あなたの子孫は地のちりのように多くなって、西、東、北、南にひろがり、地の諸族はあなたと子孫とによって祝福をうけるであろう。わたしはあなたと共にいて、あなたがどこへ行くにもあなたを守り、あなたをこの地に連れ帰るであろう。わたしは決してあなたを捨てず、あなたに語った事を行うであろう。

（『旧約聖書』「創世記」第二八章）

はっと目覚めたヤコブは神が現れたことに恐れ入り、枕とした石を立てて柱とし、油を塗って清めます。そしてその石を「神の家」とすることを誓うのです。神の家、つまりその石を枕にして眠って神を見たわけですから、石は神が住む神聖な家なのであり、この石とともにあればヤコブたち一族は神と常に一緒にいられるわけです。ヤコブは神の夢を見たこの地をベテルと名付けました。ヘブライ語で神の家という意味です。現在のエルサレムの北約二〇キロメートルにあるところです。

問題は、ヤコブが枕にしたこの石こそ、運命の石であるとする言い伝えです。実はこの話は、前述のフォーダンやバウアーの年代記には載っていません。これを記したのはセント・オールバンズ大聖堂（東イングランド・ハートフォードシャーにある大聖堂）のウィリアム・リシャンガーという、年代記編者で聖職者だった人物です。リシャンガーは一三世紀後半ごろから一四世紀前半にいくつかの年代記を著しましたが、そのうちの *Chronica et Annales* という文献にこの話があります。

リシャンガーが生きた時代には、運命の石はイングランドに運ばれ戴冠の椅子のなかに組み込まれてウェストミンスター・アベイに置かれていました。ですからイングランドにおいても、不思議な力をもつとされる運命の石のことは、急速に知られていっただろうと想像できます。そして少なくとも一六世紀後半ごろには、『旧約聖書』「創世記」中でヤコブが枕にした神宿る石こそ運命の石であるという伝説は、イングランドにおいて広く知られていたようです。

運命の石を枕にして夢を見るヤコブ
（写真：Mary Evans Picture Library／アフロ）

舞台はエジプトへ

さて運命の石の、次なる舞台はエジプトなのでしょう。でもなぜエジプトです。石はヤコブに大切に守られてカナンの地にあったはずです。

いやいや、伝説とは元来が不条理、非論理的だから、いちいち話に整合性を求めても詮ないこと、運命の石にまつわるストーリーがいくつあろうとも、それぞれは単発でバラバラであり、相互に関連性を求めるのは無理、と一蹴していればいいのかもしれません。

とはいえ、物語の整合性・連続性を探ってみるのは、まったくの想像の域であってもそれなりの意義はあり、また楽しいものです。ましてや『旧約聖書』という、これ以上ない舞台に運命の石のカギがあるのなら、わくわくします。ここでは仮に、ヤコブが枕にした石と、エジプトにあったとされる石が同じものとして、イマジネーションを働かせることにします。

カナンからエジプトに行くまでの過程を述べた運命の石の言い伝えはありません。フォーダンやバウアーの年代記にも、この間の記述はありません。そもそも両年代記では、運命の石の物語はエジプトから始まっています。だとすればいったい、運命の石はなぜ、どうやってエジプトにやってきたのでしょう。

売られたヨセフ

そこで「創世記」の物語から推測を膨らませてみます。結論からいうと、ヤコブの息子でエジプトにいるヨセフが、カナンの地の同族をエジプトに招いたので、ヘブライ人の移住とともに運命の石もエジプトに運ばれてきた——そう考えればいいのです。

説明しましょう。運命の石を宝としたヤコブは一二人の息子をもうけました。年長順にルベン、シメオン、レビ、ユダ、ダン、ナフタリ、ガド、アセル、イサッカル、ゼブルン、ヨセフ、ベニヤミンです。そのうち一一番目の息子ヨセフは聡明で穏やかな性格であり、親の愛情を一身に受けていました。が、そのことがほかの兄弟の強い妬みを買いました。どこか彼らの父ヤコブが兄のエサウの恨みを買った話に似ていますね。

結果、ヨセフは兄弟たちに行きずりの隊商に売られ、エジプトに連れていかれます。さらに売られた先で、その家の夫人の色仕掛けに遭い、ヨセフがこれを拒むと怒った夫人は自分が乱暴されそうになったと真逆のでたらめを訴えたため、牢屋《ろうや》に入れられてしまいます。さんざんなヨセフでしたが、牢で一緒だったファラオに仕えていた給仕長が見た夢の謎解きをしてあげたことから、運気が上昇します。やがて給仕長は牢を出て再びファラオの王宮に仕えます。

ある日のこと。ファラオは不思議な夢を見ました。ナイル川から美しい肥えた七頭の雌牛が上がってきて葦《あし》を食べ、その後醜い痩せた七頭の雌牛が上がってきて美しい肥えた雌牛を食いつくしてしまった……。ファラオはまたある日夢を見ました。一本の茎に七つの実った良い穂が出てきたあと、やせ衰えて東風に焼けた七つの穂が出てきて、七つの良い穂を呑《の》みつくした。

誰かこの二つの夢の謎を解く者はいないかというファラオに、給仕長はヨセフを思い出します。すぐに牢からファラオの前に呼び出されたヨセフは夢の意味を告げます。二つの夢は実は同じ夢である。エジプト全土に七年の大豊作があり、その後七年の飢饉《ききん》が起こる。あとの飢饉が悲惨だから豊作のことはすぐに忘れられる……と。

ゆえに飢饉に備えるため、豊作の間は毎年全エジプトの産物の五分の一を税として徴収し町々に蓄えれば、飢饉もやり過ごせると、ヨセフはファラオに建言したのです。ヨセフの、この賢さに唸《うな》ったファラオはヨセフを即座に王国の高官に抜擢《ばってき》し、食料計画の一切を任せました。ためにエジプトは豊作のあとにやってきた大飢饉にも、人々が苦しむことはなかったのです。

ヘブライ人、エジプトへ

一方、カナンの地は食料欠乏に襲われ大変なことになっていました。飢饉はエジプトだけではなかったのです。ヨセフたちの父ヤコブは、エジプトに豊富な穀物があることを知り、息子たちを食料の買いつけのためにエジプトに送りました。ヨセフは、エジプトという王国の高官として、ファラオの右腕として、かつて自分を売り払った兄弟たちに会いました。もちろんヨセフは、ヘブライ人を代表してきた彼らが兄弟であることを知っていました。けれども兄弟たちは、まさかエジプトのこんな偉い人がヨセフだとは、このときは毫《ごう》も気づきません。

兄弟たちの話を聞いたヨセフは、本当に穀物が欲しいのかどうか、ちょいと意地悪な条件（まあ、売りとばされた側としては当然の仕返しですが……）を課し、兄弟たちにカナンとエジプトを行き来させます。それでやっと彼らは、再び目の前にしているエジプトの頭巾《ネメス》をかぶった堂々たるファラオの高官がヨセフであることを知るのです。兄弟たちはかつてやったことを真剣に恥じ入り、謝罪し、めでたしめでたしの仲直りとなります。顚末《てんまつ》を知ったファラオも喜び、こうしてヘブライ人はエジプトに土地を与えられ、父ヤコブをはじめ、大挙して移ってくることになりました。

このとき、先祖アブラハムの棺《ひつぎ》とともに、「神の家」、すなわち運命の石も、きっとエジプトに運ばれたことであろうと、想像力を動員すれば「創世記」からそう読み解くこともできるのではないでしょうか。

モーセの時代に

そしてたくさんの月日が流れ、モーセの時代となっていました。『旧約聖書』ではヘブライ人がエジプトに住むようになってから四三〇年経ったとしています。このころになるとエジプトに住むヘブライ人の数は著しく増加していました。ときのファラオはそんなヘブライ人に対して王国を乗っ取られはしまいかと警戒感を強め、ゆえに彼らは自由を著しく制限され隷属状態に置かれていました。ヨセフのころとは大変な違いです。

モーセはヘブライ人のレビ族の子です。ヘブライ人に生まれた男の子は皆殺すというファラオの命令を逃れるため、生まれたばかりのモーセはパピルスで編んだ籠に入れられてナイル川岸の葦のなかにそっと置かれました。赤子はそこに身を洗おうと偶然現れたファラオの王女に拾われ、彼女の子として育てられ、やがてエジプトの青年王子となったのでした。

王子モーセはヘブライ人が酷《ひど》い扱いを受けているのを見ていましたし、ときにはそっと助けたりもしました。ある日、モーセが羊の群れを率いて山に来ると、柴《しば》に火がついて燃えています。その火のなかにエホバが現れ、モーセに言い渡しました。われは汝《なんじ》の先祖のアブラハムの神、イサクの神、ヤコブの神である。汝はいまエジプトで苦しんでいるわが民を救え、と。

以降、モーセはエホバが与えた神通力をもち、ヘブライの民を連れてエジプトを出ます。これをファラオの軍勢が追いますが、モーセが神の力を発揮すると紅海が二つに割れて海底の道が現れます。その道を人々が無事通過すると、今度は追いかけてきたファラオの軍勢が道に入ります。しかし海が再び閉まって皆溺れて死んでしまうのです……。

『旧約聖書』「出エジプト記」に出てくるあまりにも有名な話ですが、まさにこの時代に、モーセを追って紅海に沈んだファラオの、義理の息子になる男、すなわちファラオの娘の婿になる男がギリシアからエジプトにやってきました。このあたりから、フォーダンとバウアーの両年代記が語る世界へと入っていきます。

ファラオの娘の名……

やってきた男の名はゲイゼロス（Gaythelos）。ギリシアのネオルスという王国の王子であり、外見はなかなかにハンサムでしたがわがままで粗暴でした。ために父である王はゲイゼロスが王国の統治に関わることを許しませんでした。これに腹を立てた王子は仲間たちと共謀して暴れまわり、王国の秩序を著しく乱したため、父王の逆鱗《げきりん》にふれます。そして国外追放となってしまうのです。

ゲイゼロスは彼にしたがう一軍とともに地中海に船出し、エジプトにやってきました。ちょうどそのとき、エジプトはエチオピア人の大侵入を受けていました。ファラオであるシェンクレスの軍勢は苦戦し、国土は南部の山岳部から首都メンフィス、地中海沿岸までいたるところで荒廃していました。この苦しい戦いを続けるエジプト軍を助けたのが、ゲイゼロスが率いてきたギリシア兵です。

亡命ギリシア王子のゲイゼロスとファラオのシェンクレスは同盟を結び、エチオピア人に押されていた情勢を好転させ、ついに敵をエジプトから追い払うことに成功しました。シェンクレスは大喜びです。ゲイゼロスを気に入ったことは言うまでもありません。勇敢であり、そしてなによりもギリシアの王子という高貴な出自は、このエジプトのファラオを魅了しました。彼は娘のスコッタ（Scota）をゲイゼロスに娶《めと》らせます。

スコッタ……。

この名前、なにかピンと響いてくるものがありますね。そう、スコット人（Scot）とスコットランド（Scotland）の名称はこのスコッタに由来する、といわれているのです。もともとこれはかなり古くからある言い伝えだとされますが、記録としてはこの、一五世紀半ばの、バウアーの『スコットランド年代記』に登場するものです。スコットランドの人々がファラオの王女の子孫であるとするこの伝説は、もちろん今日もなかなかに広まっていて、どこか太陽みたいに輝いていて、色彩感のあるファンタジーのようですね。

でもなぜ、ゲイゼロスの名前が引き継がれてゲイゼ人とかゲイゼランドにならなかったのだ？という見方もあろうかと思います。一方で、エジプトにやってきてスコッタを娶ったのをスキタイの王子とする、また系統の違う伝説も事実存在します。ですからやはり母方のスコッタの名前がスコットランドの由来になっていったのは大正解でしょう。

なんだ、じゃあ、夫のゲイゼロスの名はなにも残らなかったのか。可哀《かわい》そうだなあと、同情された方、いいえ、大丈夫です。ゲール人（the Gaels）、あるいはゲール語（the Gaelic）という言葉、聞いたことありますよね。ゲール人とはアイルランドやスコットランドのQケルト語（ゲール語）を母語とした人々のことですが、もうおわかりのようにこれらはゲイゼロスに由来するということになっています。スコゥタと同様、あくまでも伝説ですが。*2

新天地へ出帆

かくしてファラオの義理の息子となったゲイゼロスはエジプトの統治に加わり、シェンクレスを助けます。暴動を起こしかねない不安の種であるヘブライ人も義父とともに抑えます。そんななか、モーセが自分の民をすべて率いてエジプト脱出を始め、ヘブライ人を恐れながらも大事な労働力に去られては大変と、シェンクレスは追いますが、兵もろとも海に呑《の》まれてしまったわけです。

義父亡きあとゲイゼロスは当然次のファラオと目されます。が、王国には不穏な空気が漂っていました。というのも、エジプトではかつてヨセフが飢饉に備えて課した税がずっと続いており、人々はこれに苦しんでいたのです。ゲイゼロスはシェンクレスの右腕となっていましたので、税を継続していくものとみなされていました。人々はこの「悪税」の撤廃を叫び、シェンクレスが死んだいまがチャンスと、エジプトはいつ爆発してもおかしくない状況でした。

むろんゲイゼロスはファラオと目されている身ですので、命令一つで軍を動かせる強力な権力を持っています。ただ、この広大なエジプト全土で蜂起されたら、戦い続け勝ちきれる自信はありませんでした。彼の周りには死んだファラオにしたがっていた貴族たちや家臣、そして麾下《きか》の兵たちがたくさんいましたので、皆とこれからを考えました。もちろん妃《きさき》のスコゥタとも。その結果、ともにエジプトを出ようということになりました。

もっとも出てどこへ行くかが問題です。ゲイゼロスにはギリシアがありましたが、さんざん悪さをして追い出された故国です。いまさら帰るわけにはいきませんし、こんな大勢引き連れていったら追い出した父との間で戦争になるでしょう。まったく新しい、しかも先住民がいないところ、いたとしても友好的な人々が住んでいるところを探すしかありません。

かくして、ゲイゼロスとその妃、親しい人々、そして彼らの一軍は船団を組んで船出することになりました。持って行くもの、大切なものの荷積みが始まりました。そのなかにあったのが、運命の石だったのです。

伝説はご都合主義

でも、ちょっと待ってください。運命の石はヤコブが枕とし、ヨセフに呼ばれたヘブライ人がエジプトに持ってきたと想像されるものであり、ヘブライ人にとっては宝物のはずです。ならばなぜ、モーセが出エジプトのときに一緒に持って行かなかったのでしょう。

もうだいぶ昔、『十戒』というハリウッド映画がありました。モーセ役にチャールトン・ヘストン、ファラオ役にユル・ブリンナーという、いまやとうに鬼籍に入っている往時の豪華俳優陣を揃《そろ》え、もちろんコンピュータグラフィックスなど間違ってもない時代でしたから、実物大のセットを作り、たくさんのエキストラを動員し完成させた、信じられないくらいお金のかかった大作でした。どんなに本物らしく見せてもしょせんは嘘《うそ》のCGでは絶対味わえないこういうリアリティのある映画は、もう絶対に作れないでしょう。

この作品で印象的だったのは、紅海が割れる場面もさることながら、モーセに率いられたヘブライ人たちが荷物を持ってエジプトを出発するシーンでした。たくさんの荷車が物や人を満載し、これまた数えきれないほどの人たちがそれぞれの腕に荷をかかえ、あるいは肩に担ぎ、ぞろぞろと家畜も連れて長い長い列をなしてエジプトを出て行ったのです。そのなかには先祖の棺もありました。

もちろんこれはあくまでも映画です。ですが、ふつうに考えればこの出エジプトのときに、運命の石みたいなヘブライ人にとって大事なものを、モーセたちが一緒に持って行かないはずはないのです。ゲイゼロスやスコゥタはヘブライ人ではなく、運命の石とは縁がないのですから。

しかし言い伝えではスコゥタたちとともに船に乗り、新天地を目指してエジプトを船出するわけです。そこが伝説の面白いところです。そうです。運命の石はスコットランドのシンボル、魂ですからモーセに持ち去られ、またカナンの地に戻ってはたまりません。ヤコブの枕であるという尊いいわれを拝借したら、あとは適当なところで、『旧約聖書』の世界とは別れておかないといけません。伝説とは、ご都合主義なのです。

モーセの許可?

ところでそのモーセに関してですが、一つ興味深い伝説があります。オックスフォード大学のボドリアン図書館に*La Piere d'Escoce*という題の、一四世紀に書かれた詩の写本がありますが、その詩の一節にスコット人の祖先たちがエジプトを出帆する前に語ったとされるモーセの予言が記されています。

この石を持つであろう者は誰であれ、彼方《かなた》の地の征服者となるだろう。*3

（Aitchison, Nick, *Scotland's Stone of Destiny*　筆者訳）

「彼方の地の征服者となる」――モーセはむしろ、運命の石を持って行く者を祝福するようなスタンスです。我々はこの石を保持することにさほどこだわらない、持ち去り可……と。つくづく、伝説とはよくできています。

かくてスコゥタとゲイゼロスたちの船団は、運命の石を載せてエジプトを出帆しました。新天地を求めて。

註

＊1　英文は次の通り。

So the king sat down upon the royal throne—that is, the stone—while the earls and other nobles, on bended knee, strewed their garments under his feet, before the stone. Now, this stone is reverently kept in that same monastery, for the consecration of the kings of Albania ; and no king was ever wont to reign in Scotland, unless he had first, on receiving the name of king, sat upon this stone at Scone, which, by the kings of old, had been appointed the capital of Albania.

＊2　実際になぜスコット、あるいはゲールと呼ばれるようになったのかについては、諸説ありますがよくわかっていません。

＊3　英文は次の通り。

Whoever will possess this stone / Shall be the conqueror of a very far-off land.

二、スペインからアイルランド、そしてスコットランドへ

最初の地スペイン

ゲイゼロスやスコゥタたちを乗せた船団は、しかし、なかなか目的の地を見つけられませんでした。『旧約聖書』では出エジプトを果たしたヘブライ人の一団が、神が約束した地にたどり着くまで、四〇年間砂漠を彷徨《さまよ》ったとされています。そんなにはかからなかったでしょうが、このスコットランド人の祖先たち、すなわちエジプト人とギリシア人たちを乗せた船団は地中海をあちこち彷徨いました。

フォーダンの『スコットランドの年代記』によれば、一行にはたくさんの子供たち、随行員や兵士の妻たちも乗っていました。よって、それらの人々の休息や補給のためにも、時折あちこちで船を碇泊《ていはく》させる必要があります。後の時代、ローマと激突したカルタゴやヌミディアのあった北アフリカのあたりにもゲイゼロスたちは上陸しました。しかしそこには当然のことながら先住民がいて、彼らが心穏やかに住める土地はありそうにもなく、一行は再び船に乗りま

す。

ゲイゼロスたちは苦労しながら、さらに航海を続けます。そしてついに南スペインの、現在のカディス近辺に達し、そこに上陸するのでした。ジブラルタル海峡を少し抜けた大西洋に面した地点です。けれども彼らを待ち受けていたのは、敵意に満ちた現地の住民でした。上陸後すぐに現地人との間で激しい戦闘が始まります。

ゲイゼロスたち（以降、フォーダンの記述に倣ってスコット人とも呼ぶことにします）はなんとか敵を撃退しますが、この地の情勢が厳しいことを、身をもって知ったスコット人たちは、防御施設をしっかり整えた町の建設に取りかかるのです。

その町の名はブリガンシア（今日の大西洋に面した港湾都市ア・コルーニャ）。町の中央には見張りのための高い塔を作り、また周囲には深い濠《ほり》を掘って敵の侵入を防ぐようにしました。スコット人たちの新天地における日々は、こうしてこの町を拠点に暮らすことで始まっていきました。それはまた、外敵からの絶え間ない攻撃に悩まされる、平穏のない日々でもあったのです。

さらなる新天地を探して

ゲイゼロスのリーダー、あるいは王としての関心は、自ら率いてきた民たち、すなわちスコット人たちを守ることでした。けれどもうち続く現地人との、和解のない戦いによって徐々に同胞を失い消耗を重ねていく状況は、ゲイゼロスをある考えへと導きます。彼の心にはあのエジプトを皆で出たときの気概が再び甦《よみがえ》ってきました。

——もう一度、新天地を探そう。われらが安住するために。——

側近たちからも強い要請を受けたゲイゼロスは命令を発します。偵察のための兵員を乗せた数隻の船がブリガンシアの港を出帆し、未知の海を北へ向かいました。順風にもめぐまれ、船はほどなくある島を見つけます。彼らは港らしきところに船を入れ、上陸し、島の探検に乗り出します。偵察隊はくまなく島を巡り、探査を終えると急いで船に戻りブリガンシアに帰りました。彼らはゲイゼロスにとても美しく、肥沃な地を見つけたと報告しました。それこそが、アイルランドです。

が、スコット人のアイルランドへの移住は、すぐには進みませんでした。この偵察隊のあと、さらに三度にわたる船団派遣を経て、ようやく実現するのです。そしてゲイゼロス自身は、この最初の派遣隊の報告を聞き、次の派遣隊の指揮を息子にゆだねてから、ここスペインの地で没してしまうのでした。

なかなか進まない移住

父ゲイゼロスからこの新天地征服のミッションを任されたのは、ハイバー（Hyber）とハイメック（Hymec）の兄弟でした。後のローマ時代にラテン語でアイルランドのことをヒベルニア（Hibernia）と呼んだのは、このハイバーに由来するとされています。

ハイバー兄弟は船団を率いてアイルランドへ向かい、さほどの先住民の抵抗を受けることなく一定程度の地域を獲得することに成功します。もっともハイバー自身はその地を弟のハイメックとその一族にゆだね、スペインに戻ります。そして父の跡を継いで王となり、スペインでの統治に専念するのです。

でもなぜハイバーは父ゲイゼロスの意に反して帰ってきたのでしょう。フォーダンの年代記にはこのあたりは淡々としか記されていませんので、その理由はわかりません。よってここは想像するしかないのですが、やはり「南国」スペインの魅力は、いくら敵対勢力が厄介でもはるか北のアイルランドに比べれば、なかなかに捨てがたかったのではないでしょうか。

もともとスコット人たちの「故郷」は太陽が輝き、豊かなナイルの流れがもたらす穀物豊かな、エネルギーに満ちたエジプトです。ですから、エジプトにはおよばないにしても、やはり太陽が輝く豊穣《ほうじょう》の南スペインを出ることは、ためらわれたのでしょう。

さておき、それから長い年月（フォーダンの年代記では二四〇年ほど）が経ち、スペインのスコット人たちの境遇は、外敵との絶え間ない闘いのなかでますます厳しくなっていました。ここにおいてゲイゼロスの子孫であるスコット人の王マイセリウス（Mycelius）は、二度目の、移住のための船団をアイルランドに向け出帆させたのです。船団はマイセリウスの三人の息子たち、すなわちヘルモニウス（Hermonius）、ペルトロームス（Pertholomus）、ヒベルトゥス（Hibertus）に率いられていました。

アイルランドに上陸した彼らは、前回ここに来て定住したハイメックの子孫たちと出会い、合流します。しかしやがて長兄のヘルモニウスはスペインの父王のもとに帰り、アイルランドには下の二人の兄弟たち一行が残りました。つまりこの二度目の遠征もスペインのスコット人全面移住のきっかけとはならなかったのです。アイルランド全土を平定するには兵力が足りなかったのか、あるいはリーダーのヘルモニウスがスペインに未練があって気が乗らなかったのか。フォーダンの年代記には今回もくわしいことは書かれていませんので、想像に任せるしかありませんが。

三度目の正直

それからまた月日が流れ、いよいよ三度目のアイルランドへの航海のときがやってきました。今回スコット人たちを率いて船に乗ったのは、ときの王の息子、スモンブレト（Smonbret, シモン・ブレク＝Simon Brecc ともいう）でした。

このとき父王はスモンブレトに強力な軍団と、「大理石の椅子」（marble chair）とフォーダンの年代記に書かれた祖先から伝わるスコット人の宝を授けました。代々のスコット人の王がここに座って戴冠の儀式を執りおこなってきたという大理石《マーブル》の椅子《チェア》……そう、運命の石です。この、運命の石を携えた三度目のチャレンジで、スコット人はアイルランドを完全征服し、彼らの新天地としました。フォーダンの年代記は語ります。

> 大勢の軍勢を連れてスモンブレトはその島に行き、征服し、そこで長い間統治した。而《しこう》してスモンブレトがティモール（タラ）と呼ばれる、その王国の最も高い所に置いたその石、あるいは椅子は、その時より玉座と呼ばれ、丘は王国における誉れ輝く場所となった。以降、スモンブレトの血統より続く王たちは、王のしるしを身に着けて、その石に座して戴

冠するのを常とした。ゲイゼロスは、この椅子をはじめとする豪華な品々を、エジプトからスペインに運んできたといわれている。*1

（『スコットランドの年代記』第一巻二七章　筆者訳）

ゲイゼロスとスコゥタとともに船に乗り込んだ大勢のギリシア人とエジプト人――もはやスコット人と称される人々はスペインを経て、ようやくアイルランドに住み着きました。そして彼らがエジプトより大切に運んできた運命の石は、こうしてアイルランドの聖なる場所であるタラの丘に置かれたのです。

伝説のバージョン

しかし一方で、フォーダンの年代記には運命の石の出自に関し、違った話もあります。要約するとこういうことです。

スモンブレトが乗った船がアイルランド沖に着いたので碇《いかり》を下ろしたところ、にわかに強風が吹いてきて海が荒れてきた。そこで急いで碇を引き上げると、玉座の形をした大理石《マーブル》が碇と一緒に上がってきた。突然の大理石の玉座出現を、スモンブレトはこの島を征服し統治させるとする神の予言であると確信する。そしてその通り、上陸した彼の軍は島を制圧し、スモンブレトは統治者となった。ゆえに神の力が宿ると信じられたこの石には、「運命が欺かない限り、この石のあるところ、われらスコット人が統治する」と、プロローグでもふれたこの言い伝え（予言）が生まれた――と。

ただこの話だと、運命の石はエジプトから運ばれてきたものではなくて、ある日突然海の底から上がってきた神の贈り物という、なんともあっけないストーリーになってしまい、じゃあ、いままでのパレスチナからの物語の流れはいったいなんだ？となります。

一つ言えるのは、伝説というものには実にいろいろな変形《バージョン》、枝葉があるということです。筆者としては、一つ一つの話のどちらが正しいか正しくないかについては、伝説である以上そもそもそういうことを真正面から問うことはしませんし、話がつながっているほうが面白いと考えます。そのようなことから本書では、パレスチナからエジプト、スペイン、アイルランドへとストーリーが続いているほうを中心に紹介しています。

ちなみに、伝説のバージョンついでにいうなら、この「運命が欺かない限り、この石のあるところ、われらスコット人が統治する」という予言も、もう一つの年代記であるバウアーの『スコットランド年代記』では、スモンブレトたちスコット人が運命の石をタラの丘に置いたとき、神から授かった言葉だとされています。

スコゥタは直接やってきた?

けれども、そういった伝説の多々ある話の枝葉と単に片付けられない問題があります。左はバウアーの『スコットランド年代記』の第六二章に記されている箇所であり、この引用文を便宜的にAとします。

A　エジプトのファラオの娘スコゥタ（Scota）が大船団を率いてアイルランド（Hibernia）に上陸した。そこでアイルランド人（Hibernicis）の一部を船に乗り込ませ、エジプトから運んできた玉座（sedile regium）とともにスコットランド（Scocia）に渡った。
（常見信代「スコットランドと『運命の石』―中世における王国の統合と神話の役割〈続〉」）

Aの文中の「玉座」とは運命の石のことで、年代記などではしばしばこのように語られます。さて、ここではスコゥタが運命の石とともにスコットランドに来たことになっています。アイルランドは人々を多少乗り込ませただけの、ほんの寄港地的な扱いです。これは妙です。ここまでみてきた話では、アイルランドに石が運ばれてくる、はるか、はるか前に、ゲイゼロスはスペインで死んでいます。スコゥタの死はとくにふれられてきませんでしたが、ゲイゼロスの妻ですから、当然夫と同じようにずいぶん前に世を去っているはずです。

ゆえにスコゥタが運命の石をもってスコットランドに来るのは、時間的にまったく辻褄《つじつま》が合わないのです。というか、Aはあえてスコゥタに運命の石を直接スコットランドに持ってこさせたかったかのような記述にも思えます。どうしてこのように書かれているのでしょう。もちろんこれには理由があります。

イングランドの主張

一四世紀はじめ、スコットランド独立戦争が勃発したころのことです。ローマの教皇庁では、イングランドとスコットランドが激しい論戦を演じていました。スコットランドの独立につき、その歴史的な根拠、正統性があるかどうかという、キリスト教世界のトップである教皇ボニファティウス八世を前にした論戦でした。

イングランド側は、スコットランドがもともとイングランドの王権の下（宗主権下）にあったのだということを明らかにすることで、スコットランド侵略、征服を正当化しようとしました。その根拠となったのが、一二世紀前半、既述のウェールズの修道士ジェフリー・オブ・モンマスが著した『ブリタニア列王史』です。

この本には、ギリシアとの戦いで滅んだトロイの王族の血をひいたブルータスが亡命トロイ人を集め、あちこち船で行って冒険しながら、最後にたどり着いたのがアルビオンだったこと。そしてブルータスは巨人だらけだったその地を平定し、ブリタニア（ブルータス由来の名前）と新たに名付けてその島の王となったこと。そのブルータスの死後、長男のロクリヌスがレグリア（イングランドのこと）を、次男のカンベルがグウァリア（ウェールズのこと）を、末の息子のアルバナクトゥスがスコティア（スコットランドのこと）を相続したといったことなどが記されています（『ブリタニア列王史』第二部第二巻第一章）。

スコゥタとゲイゼロスを乗せた船

この記述をイングランド側は、王国はそれぞれ息子たちにわけられたが王権は分割されず、長男のロクリヌスが受け継いだと解釈し、したがってイングランドはスコットランドに対する宗主権（overlordship）をずっと維持していると主張したのです。

まあ、この『ブリタニア列王史』は、とても真っ当な歴史書とは言いがたく、読めば噴き出してしまう内容が満載であり、とんでもない書物を根拠にしているなあと、科学的客観的思考があたり前な今日からみればそう思われて当然でしょう。でも、当時はとても権威ある書物だったのであり、これに拠《よ》って論戦を挑むのは大まじめな行為でした。

スコットランドの主張

このイングランド側の論に対し、スコットランドは、自分たちはブルータスなどブリトン人の血をひくことはありえず、はるか古の高貴な人々の血を受け継ぐ者であり、そもそものはじまりからわれらの国は自立していたのだ、と主張しました。すなわち、自分たちスコット人の祖先はエジプトのファラオの娘スコゥタであり、その地の人々と、運命の石とともにここスコットランドに移ってきたのである。われらの地をスコットランドといい、われらをスコッツというのも、高貴なエジプトのファラオの娘スコゥタに由来する、と。

スコットランドは、このようにかの地に古くより伝わるスコゥタ祖先伝説を前面に出して自分たちの血筋の由緒正しさと、イングランドとはまったく異なる出自ゆえの独立性をときの教皇ボニファティウス八世に訴えました。実は先の引用文Aは、スコットランドの代表団がそのことを教皇庁で書き、教皇の膝元でアピールした文章とされているものなのです。

その際、スコゥタが祖先であることを訴えるためには、スコゥタ自身が直接スコットランドに来ていたほうがより明瞭になります。それまでスコットランドに広まっていた伝説では、スコット人と運命の石はスペインからアイルランドに来て、ずいぶん長い間そこに留《とど》まっていました。これでは、アイルランドがもっぱらスコゥタの子孫たちの土地になってしまい、スコットランドの印象は霞《かす》んでしまいます。

ですからアイルランドはあくまでも経由地、もっというならちょっと寄っただけの場所で、スコゥタと運命の石はサッと、ほとんどダイレクトにスコットランドに来たのだとすれば話はずいぶんわかりやすくなります。

そこで問題はこのAの出自です。Aがそもそもほかのスコットランド関連伝説のように古くからあって、この論争のために必死で探してきたものなのか、はたまたこの教皇庁での論戦時に突然出現したものなのか、ということです。後者だとしたら、それはつまりイングランドの主張を教皇の前で叩《たた》き潰すべく、このとき生まれた、意図的な「修正版」となります。

ただし、万に一つそうであったとしても、今日ではAもスコットランドのルーツを語る、一つの、大切な伝承であるのは間違いないのです。時はすべてを同列にします。ちなみにバウアーの年代記には抗弁（Processus）というタイトルでくくられた文書群があり、これは教皇庁で書かれたものを収録した部分とされていますが、Aの引用文はそのなかにあります。

聖コルンバ

さて、スモンブレトによって運命の石が置かれたとされるタラの丘は、古くからアイルランドのスコット人たちの政治的、精神的中心地といわれ、歴代のアイルランドの王たちはこの石に座すという審判の儀式を経てきました。プロローグでも紹介した「王にふさわしい正しい血統の者が座ると石は声を出して呻き、王位を簒奪しようとたくらむ邪な心を持った者が座ると、石は沈黙を守った」という古い言い伝えは、ここアイルランドで生まれたとされています。

そして長い時間がまた過ぎました。いよいよ運命の石はアイルランドからスコットランドへと最後の旅をします。おっと、運命の石はすでに先の引用文Aで見たように、スコゥタとともにスコットランドへ渡ったではないか。それが最後の旅ではないのか、と思われる方もいらっしゃるでしょう。いえ、これから紹介する話は、それとはまた別のものです。時代は六世紀。アイルランド生まれの聖コルンバ（五二一—五九七）という聖職者が主役で、この人物が運命の石を持ってアイルランドを出るのです。

もっとも聖コルンバの実在と彼が成したいくつかの功績については、歴史的事実として現在認識されているものの、この聖人が運命の石と関わった部分は、真実とは言いがたく伝説の域を出ません。そういう意味で、これからの話は半分歴史、半分伝説です。

アイオナ島にやってくる

コルンバはアイルランドのダルリアダ王家の血をひく高貴な生まれであり、聖職者として精力的にアイルランド各地に修道院を建てました。そして五六三年、四〇歳過ぎという当時としては決して若くはない年齢でスコットランド西海岸沖の小さなアイオナ島にやってきます。彼はそこに修道院を建て、キリスト教布教の本拠地とします。が、実は聖コルンバがスコットランドに来たのは、異教の地ブリテン島にキリストの教えを広めたいという伝道者としての積極的な意志ではなく、失意のためにアイルランドから逃げてきた、という説があります。

もともとコルンバは教会の古記録類の熱烈な模写マニアだったようで、そのときも彼は師であるフィニアン所有のとある聖書の詩篇《しへん》を師に内緒で写し取りました。それに気がついたフィニアンは怒り、コルンバにその写しの所有権は自分にあるから返せと要求します。この騒ぎは当初の二人の言い合いからだんだん大きくなり、聖職界を越えてそれぞれが所縁のある勢力間の戦いとなり、アイルランドにおいて少なからぬ人たちが戦闘で殺されました。

　自分に起因するこの殺し合いにひどく心を痛め、またアイルランドにもいられなくなったコルンバはかくしてアイオナ島に逃避してきたというわけです。その際、コルンバはタラの丘から運命の石を運び出したといわれています。一五二キログラムもある石です。大勢で持ち出し、船に載せたのでしょう。コルンバはスコットランド西部のキンタイア半島に上陸し、そこから現地の住民たちにキリスト教の説法をしながら徐々に北上し、一二人の仲間の信者とともに、当地でコラクルと呼ばれるかご船に乗って、運命の石も載せて、アイオナ島にやってきたということです。

　このアイオナ島がコルンバたちの布教の本拠地になったのは、ピクト人の王と、ダルリアダ王の合意による寄進だったということです。ピクト人はスコット人が来る前からブリテン島北部に暮らしていた人々であり、ダルリアダ王国は六世紀ごろ、アイルランドからブリテン島北西部に至る海をまたいだ地域に建設されたスコット人の王国です。

あの怪獣の元祖

と、これら聖コルンバにまつわる話の多くは、七世紀のアイオナ島の修道士で伝記作者のア

ドムナンが著した *Vita Columbae*（『コルンバの生涯』）という書物から知ることができます。ただしこの本の信憑《しんぴょう》性に関しては二の次であって、コルンバがアイルランドから逃げてくるきっかけになった師の聖書の詩篇の写し取りとか、タラの丘から運命の石を持ち去りアイオナ島へ持っていったとかは、歴史的には検証不可能です。まあ、物語として楽しむぶんには差し支えありませんが。

運命の石からは脱線しますが、このアドムナンの本には、今日でも私たちの関心を引くとてもよく知られた、こんな話が載っています。

ピクトの人々はネス川を渡るとき、とても大きな獣にしばしば襲われ命を落としていた。ある日、また一人のピクト人が怪獣に襲われたが、コルンバが十字架の威力をもって「やめよ」と怪獣に命じたところ、怪獣はその人のもとから去り、以降人々を襲うことはなかった――というものです。

お気づきの通り、これは「ネッシー」の話です。ネス川は細長いネス湖の北端から流れ出ている川です。つまり、アドムナンの『コルンバの生涯』は、ネス湖の怪獣のことを記した最初の書物なのです。筆者もＵＣＬ留学時代、講義に使われた中世のラテン語文献にネス湖のモンスターの話が出てきて「おっ」と思ったことがあります。その文献は『コルンバの生涯』ではありませんでしたが、そこからわかるのは、ネッシーは英国では昔からわりとよく歴史関係の文献に出てくる存在あるいは題材だった、ということです。

聖コルンバがネッシーを退散させたとされるのは、日本の時代でいえば蘇我馬子《そがのうまこ》が政治を背後から操っていたころです。そんな古くからネス湖周辺にはネッシーが出ると伝わっていました。誰かが世間を騒がせようと、いたずらで作った昨日今日の模型や張りぼてでは、ネッシーはあながちないのかもしれませんね。おっと、余談が過ぎました。

運命の石とダルリアダの王

アドムナンの本にはまた、聖コルンバがタラの丘から持ってきた運命の石をダルリアダ王アイダン・マック・ガブレインの即位を祝福するために使ったと記されています。タラの丘での儀式のように王を石のうえに座らせたのでしょう。これも本当かどうかはさておき、このダルリアダ王アイダンは実在の人物です。アイダンでよく知られている歴史的事実は六〇三年の、バーニシア王国のエゼルフリッド王との間でなされたブリテン島北部の覇権を賭けた大一番、デグサスタンの戦いです。

なおバーニシアとは、五世紀半ばごろより大陸から続々とブリテン島に侵攻してきたアングロサクソン人が建てた最北の王国です。後にそのすぐ南にあるこれもアングロサクソン人の王国デイラと合体し、アングロサクソン七王国（Heptarchy《ヘプターキー》）の一つノーサンブリア王国となるのですが、話を戻しますと、デグサスタンの戦いはダルリアダ側のボロ負けで、アイダンは残った兵と戦場から潰走しました。

ただ、歴史とは面白いもので、後日そのエゼルフリッドが、のちにバーニシアの王となるエドウィンに敗れて殺されると、ダルリアダ王国は追っ手から逃れてきたエゼルフリッドのオスワルド、オスウィといった息子たちをしっかり匿い、保護しています。そして、このスコット人の地で成長しキリスト教徒となった彼らは、時が来るとノーサンブリア王国となっていた自分たちの国に戻り、二人とも順にキリストを信奉する敬虔《けいけん》な王となり、その王に倣って民のキリスト教への改宗も加速します。

つまり、コルンバたちがここスコット人の地で撒《ま》いたキリスト教の種は、ゲルマンの神々を信奉していたアングロサクソン人の地（後のイングランド）においても次々と花開いていくのです。ミッショナリーとしてのコルンバの功績は、以上のように確かですが、運命の石と関わっている彼の部分は、何度も言いますが検証不可能です。

そこでもう一つ、聖コルンバの伝説です。彼はアイオナ島の修道院で没しますが、死を間近にした床についていたとき、石を枕にしていたということです。また、亡くなる少し前には、天使が自分を訪れる夢を見ていたとも伝わっています。まるでヤコブの枕のようですね。

さてその後、運命の石はアイオナ島からダルリアダ王国の首都であるダンスタッフネージへと移され、そこで二八人の王がそのうえに座って戴冠したということです。ここまでが言い伝えられているところであり、ダルリアダ王国としては最後の王で、新たなアルバ王国としては最初の王であるケニス・マカルピンが新王国の首都であるスクーンに運命の石を移します。このときより、運命の石は伝説から歴史の世界に入るのです。

註

＊1　元の英文は次の通り。

Accordingly this same Smonbrec, accompanied by a great crowd of men, went over to the foresaid island, and having subdued it, reigned there many years. But that stone or chair he placed on the highest spot in the kingdom, which was called Themor（Tara), and it was thenceforth said to be the seat of royalty, and the most honoured spot in the kingdom; and the succeeding kings of his line were, for many ages, wont to sit there, when invested with the insignia of royalty. Gaythelos, some say, brought this chair and other regal ornaments to Spain with him from Egypt.

第二章　スコットランドを作った国王たち

一、スコット人の到来からマクベスまで

多様でゆるいスコットランド

第一章では、運命の石がスコットランドに来るまでの言い伝えを追ってきました。この章ではいったん運命の石とは離れ、スコットランドの歴史の流れを見ていくことにします。伝説・想像のスコットランドから現実のスコットランドへ、思考を切り替えるとでもいいますか。

スコットランド（Scotland）は、その名が示すようにスコット人（Scots）の国（land）という意味です。けれどもスコットランドは、実際にはスコット人だけではなく、ピクト人、ブリトン人、アングロサクソン人、ヴァイキング、ノルマン人と、それぞれ時期は違いますがさまざまな人々がこの地に来て住み、そうした人々が時間をかけて混じり合うことによって形成されてきました。決してスコットランド人という単一の民族がはじめから住んでいたのではありません。

また、域内は大きくわけてゲール（ケルト）色が現在も強い北部のハイランド（高地地方）、

そしてエディンバラやグラスゴーといった早くから都市部を擁する南部のローランド（低地地方）と、それぞれに個性が強い地域があり、決してひとくくりにはできません。

こうした一律ではない地域に住み気質も違う人々が、自分たちはスコットランド人であるというアイデンティティ、あるいは国家意識をより強く、明確にいだくようになるきっかけとなったのが、一三世紀終盤に勃発した、イングランドとの間でなされたスコットランド独立戦争でした。

逆に言うとそれまではスコットランドの人々の、自分たちの国に対する帰属意識、あるいは忠誠心というものは割合とゆるいものでした。たとえば領主・貴族階級はスコットランドのほかにイングランドにも領地を持っていたりする者がいました。この場合、この貴族はスコットランド王にもイングランド王にも臣従しているということになります。

貴族ならまだしも、王様までもイングランドに領地を持っていたことがあります。そうするとスコットランドでは王であってもイングランドでは一領主（一貴族）ということになり、スコットランドの王がイングランド王に臣従の礼を取るという奇妙な事態となりました。領地は多ければ多いほど「利」は上がりますから、体裁なんて関係ないということかもしれませんが。

ただ、こういった点がイングランド王に漠然とながらも、スコットランドには自分の上級領主権がある、スコットランドはイングランドの支配地だとする意識を持たせたであろうことは十分考えられます。そして、このことがイングランドにスコットランド征服戦争を起こさせる遠因となったのは否めないでしょう。

それはさておき、そんな「鷹揚《おうよう》」だったスコットランドの、独立戦争に至るまでの歴史を、はじめから見ていきます。

ピクト人

まず、スコットランドを構成する民族的要素から説明しましょう。スコットランド史で最初に語るべきは、ピクト人です。ピクト人とは、ローマ人が自分たちの言葉であるラテン語でカレドニア（Caledonia）と呼んだスコットランドにおいて、紀元一世紀に遭遇した人々です。ローマ人が彼らをピクティ（picti）と表現したことからピクト人という名になりました。ピクティとは体に「色を塗った」人たちを意味するラテン語であり、その命名からもピクト人に遭遇したときのローマ人の驚きがわかるような気がします。

二〇一一年、『第九軍団のワシ』という、イギリスの小説家ローズマリー・サトクリフ原作の映画が日本でも公開されました。カレドニアで消えた精鋭ローマ第九軍団の行方をその軍団を率いた将軍の息子が探しに行くというストーリーですが、この作品で体じゅうを彩色した、モヒカンカットのおどろおどろしいカレドニアの現地人が登場します。あれがこの映画の監督が理解し表現したピクト人、ということでしょう。

そんな誰も見たことがない、ゆえに誇張し放題のピクト人のイメージはともかく、ピクト人に関しての最大のミステリーは、彼らは何者なのか、どんな言葉を喋《しゃべ》る民族だったのか、ということです。推測されるのは、彼らの言葉にガリア語（Gaulish）の痕跡が見られるらしい点から、ピクト人はウェールズ人やコンウォール人と同じくPケルト語[*1]を話す人々だったのではないかということです。

土台となった人々

しかし、ピクト人はいわゆるインド＝ヨーロッパ語族には属さない、現代のどのヨーロッパの言語ともルーツの異なるまったく違った言語を用いる人々だったとか、そのどちらでもなく、それらが混合（amalgam）した言葉を喋る人たちだったとか、どうもなにもわかっていないような、百家争鳴ぶりです。

わかっているのは、ピクト人がこのスコットランド地域において古くから住んでいた人々であること、現在のエディンバラ市が面しているフォース湾からシェットランド諸島まで、つまりスコットランド東部から北部の広汎なエリアに居住していたこと、六世紀にアイルランドから移ってきたスコット人よりもはじめははるかに人口が多かったこと、そしてピクト人はどうやら王国を形成し、王がいたらしいということです。

ですからスコットランドはもともとピクト人の土地、「ピクトランド」だったのであり、ゆえにスコットランド人の土台・原型となったのはピクト人たち、としてもいいのかもしれません。

ブリトン人

次にブリトン人です。大陸のアングロサクソン人がブリテン島に五世紀後半ごろから侵入してくるまでは、ブリテン島に広く住んでいたのはブリトン人と呼ばれるケルト人の一派でした。しかしアングロサクソン人がブリテン島で着々と彼らの支配地域を拡大し、アングロサクソン七王国と呼ばれる王国群を建設し始めると状況は急変します。ブリトン人はブリテン島の西部であるウェールズの地に押されていったり、あるいはアングロサクソン人の支配のもと、彼らの王国で暮らすことを余儀なくされます。

ただ、ブリテン島北部の、現在のイングランド北東部からスコットランド南東部にかけての一帯には、ヴォタディニ（Votadini）というローマ時代から続くブリトン人の王国的な自立勢力が七世紀半ばごろまで存在していました。

概してブリトン人は、ローマがブリテン島を支配していた五世紀初頭まで、ローマとは良好な関係を保っていました。ローマの市民権を得て、町々をローマ風に造り、パックス・ロマーナ（Pax Romana＝ローマの平和）がもたらした豊かな生活を送っていたブリトン人も少なくなかったのです。そういった意味で、ブリトン人の王国ヴォタディニは、自立しつつもしばしばローマの忠実な同盟者だったと語られるように、スコット人やピクト人に洗練されたローマの「文明的刺激」を与えながら、やがてスコットランドになっていった地域であったと考えられています。ヴォタディニは、スコットランドの、とりわけ南部地域の形成に大きく関与していったことは疑いないでしょう。

アングロサクソン人

さらにアングロサクソン人です。大陸から侵攻してきた彼らがブリテン島に建国したケント、ウェセックス、サセックス、エセックス、イーストアングリア、マーシア、ノーサンブリアの七王国のうち、一番北のノーサンブリア王国は、それまであったバーニシア王国とその南のデイラ王国が統合され、六一七年に成立したものです。が、そのバーニシア王国の領域のほとんどは、現在のスコットランド域内にありました。当時のスコットランドは、現在と比べるとずいぶん北寄りにあったのです。

この、ノーサンブリア王国に統一される前にあったバーニシアの王エゼルフリッドと、ダルリアダ王国のアイダン・マック・ガブレインが戦ったことは既述しました。ただ、そのころはイングランドとスコットランドが戦争しているという認識は当然ありえず、ようするにこの北の地域の勢力間抗争だったのです。結局このバーニシア地域に住んでいたアングロサクソン人は移動することなくそのまま残り、スコットランドの領域が南へと膨らむにつれ、スコットランド人となっていくことになります。

スコット人

そしていよいよスコット人の移住となるのですが、彼らがアイルランドから海を渡ってスコットランドに来たのは西暦五〇〇年ごろといわれています。そのとき、スコット人を率いてきたのは半伝説的存在とされるファーガス・モー[*2]とその二人の弟であり、キンタイア半島に上陸したということです。この半島の先からはノース海峡の向こうにアイルランドが朧《おぼろ》げに見え、ということはアイルランド側からもスコットランドが望めるわけです。

したがって、いつも岸辺に立って海の向こうの陸地を見ている者に滾《たぎ》る領土的野心があれば、一族、集団が船で移ってくるのは別段難しいことではありません。後のヴァイキングの、はるか水平線の彼方にあるだろう見えない目的地に向かって、大海原に乗り出す命がけの冒険心が必須の航海と比べれば。

このキンタイア半島を含んだスコットランド西岸地域に、ファーガス・モーやその弟のロアン、アンガスたちは、それぞれが狭い領地を得て小王国群のようなものを建てました。その後これらの小王国群は互いに勢力争いをしたり、先住ピクト人に手痛く負けて本国アイルランドからさらに同胞を呼んだりしながら、より大きなスコット人のダルリアダ王国が建設されていきました。

ダルリアダは、スコットランドに渡ってきた彼らスコット人の故地の名前です。その彼らの言葉が、ブリトン人の子孫であるウェールズ人やコンウォール人が話すＰケルト語とは異なった、Ｑケルト語であるゲール語なのです。

ダルリアダ王国（*Scotland: A New History* の図をもとに作成）

キリスト教

ちょうどそんな六世紀に、スコット人の移住と並行してアイルランドからやってきたのがキリスト教でした。前章でふれたように聖コルンバや、あるいはその前には聖ニニアンといった修道士がスコットランドに上陸しました。彼らが布教に努めた相手は、そのころまだキリスト教徒ではなかったピクト人でした。スコットランドにおいて、当初人口的には少数派だったスコット人が、ピクト人に対し、圧倒的優勢とは言えないまでも、互角以上の勢いになっていった要因の一つは、ピクト人の間にキリスト教が浸透していったことなのです。スコット人と同じ信仰を持つことによって、この地にやってきた「新参者」の彼らへの対抗心や敵愾心《てきがいしん》が結果的に薄れていったということは、大いに考えられます。

そこで、キリスト教となるとやはり注目したいのは、スコット人の故郷アイルランドです。三一三年、ローマ皇帝コンスタンティヌスがくだした有名なミラノの勅令でキリスト教が公認されると、アイルランドはブリテン島などとともに、ヨーロッパで早くからキリスト教が普及した先端地域となりました。アイルランドの守護聖人として有名な聖パトリック（三八七？―四六一）が生きていたのもこのころです。

ただその後、ブリテン島では侵攻してきた異教徒のアングロサクソン人によって、いったんキリスト教は一掃されますが、アイルランドではそういうことがありませんでした。キリスト教はますます盛んになり、アイルランド人修道士による大陸各地へのミッションも積極的に実施されます。聖ニニアンや聖コルンバによるスコットランドへの伝道もそういった流れの一環でした。

ケルト系vs.カソリック

この、アイルランドからのキリスト教はケルト系キリスト教、あるいはアイルランド系キリスト教といわれています。ケルト系キリスト教は、修道院を中心にして自己修練をはかり、研《けん》鑽《さん》を積んだ修道士個人が各地に放浪的な、いかにもケルト的な布教の旅をする、というものです。

これに対し教皇を頂点に、大司教―司教―司祭といった教会組織の厳然たるヒエラルキーを大原則とし、教会を拠点に地域に根付いた布教を行うのがカソリックです。ケルト系が修道士という個を主体とするなら、カソリックは組織といったところでしょうか。

聖コルンバが本拠地としたアイオナ島の修道院から広まっていったケルト系キリスト教は、

スコットランドに急速に普及し、やがてアングロサクソン人の地域である北イングランドのノーサンブリア王国にも伝わります。そしてその地にはアイオナ島の修道院から聖エイダンが招かれ、いまは廃墟《はいきょ》ですが、かけがえのない文化遺産となっているリンディスファーン修道院が建てられるのです。

一方、カソリックは六世紀末、教皇グレゴリウス一世が派遣した伝道団によって、ブリテン島東南部の七王国の一つ、ケント王国に再びもたらされます。以降、アングロサクソン七王国の王によっては、カソリックは多少の抵抗を受けるものの、結局普及は進み、やがてノーサンブリア王国内でスコットランドから来たケルト系キリスト教と、北上してきたカソリックは相まみえます。

そこで、どっちのキリスト教が王国としてはいいか、という話となり、ときのノーサンブリア王オスウィの発案で六六四年、ウィットビィの教会会議が開かれ、結果カソリックの採用、となるのです。まあ、カソリックは儀式の荘厳さやら聖職者の衣装の豪華さやらで見栄えはいいですからね。王とか権力者は教義云々《うんぬん》よりこういうのに弱いのです。おっと、話がだいぶ先に行きました。戻します。

ともかく、アングロサクソン人の侵入によっていったんブリテン島のイングランド地域におけるキリスト教は消滅したものの、北イングランドの地ではスコットランドから伝わるという形で復活しました。つまり、ブリテン島において、スコットランドがキリスト教の先進地域であったことは、これによっても疑いようがないのです。

アルバ王国の出現

さて、スコットランド西岸に建てられたダルリアダ王国は次第に内陸に勢力を移し、その過程で東部に住むピクト人と抗争しながら、またアイダン・マック・ガブレインという勇猛な王を輩出しつつ、支配領域を拡大します。そして、聖コルンバが没してからおよそ二五〇年後の八四三年。傑出したダルリアダ王ケニス・マカルピンによってピクトの王国とスコット人の王国は統合され、その結果アルバ王国が出現し、マカルピンはこの新王国の初代の王（ケニス一世）となるのです。

でもなぜ、マカルピンはピクト人を併合できたのでしょう。このとき、武力は用いられてはいなかったようです。ピクト人の数を考えたら、それは困難なことですので。この王に関してはいろいろな言い伝えがあります。

まず、マカルピンの父方はスコット王の血統でありながら、一方で母方はピクト王の血筋だから、両王国をうまく統一できたのだとする説があります。またマカルピンはピクト王（Rex Pictorum）としてのほうがよく知られ、アルバ王というタイトルは彼の治世の間はあくまでも副次的な称号だったとする意見もあります。つまり、母方のピクトの血を尊重していたということでしょうか。

いや、やはり武力だ、ダルリアダの王だったマカルピンがピクトを破った結果だとか、正反対にピクトの王だったマカルピンがダルリアダを武力制圧したから統一できたのだとか、マカルピンがピクト人を併合できた理由に関しては侃々諤々《かんかんがくがく》の議論が行われ続けています。

ケニス・マカルピン

ようするにマカルピンが両王国を統合できた理由はよくわかっていません。が、現実にアルバ王国は出現し、この新王国の首都をスクーンと定めたマカルピンは、ダルリアダ王国の首都だったとされるダンスタッフネージから運命の石をここに移したというのが現在の定説です。以降、スクーンはアイルランドのタラの丘と同じ役割を持つ、スコットランドの精神的中心地となります。そしてスクーンの運命の石に座って、マカルピンから一三世紀末のジョン・ベイリオルまで、三〇人のスコット人の王が戴冠していったのです（一一二ページ表参照）。

ゲール的王位継承がもたらしたもの

アルバ王国は、スコットランド王国の原型ともいうべきものです。いわゆるスコットランド王国というものは一三世紀以降に出現してきたのですが、これはそれまでアルバ王国だったものが発展的にそうなったのです。それまでのアルバ王国と断絶したまったく新しいスコットランド王国ができあがったのではありません。

もともと、スコットランドの王はKing of Scots、すなわち「スコット人たちの王」とずっと呼ばれてきました。イングランド王がKing of Englandと、イングランドという国土の王という名で呼ばれ、King of Englishのように人々の王としては呼ばれてこなかったのとは対照的です。スコットランドでは、王は基本的に人々（スコット人）の王なのです。そういう意味で、アルバの王もスコットランド王国と同じKing of Scotsなのです。

このアルバ王国の王家は、始祖ケニス・マカルピンの父親の名を取ってアルピン家と呼ばれ、初代マカルピンからルーラハまで一八代続きます。特徴的なのは、アルピン家の王位継承の仕方でした。これはアイルランドやスコットランドに共通したゲール的な古い慣習に基づくもので、王位は共通の曽祖父を王に持ったダービニー（derbfine）と呼ばれる王族男子グループから選ばれるというものでした。アングロサクソン人をはじめ、さまざまな民族間でよく見られる王の第一子（長子）に王位が継承されていく方法（直系の家系継承）ではありません。

こうしたゲール的なやり方の長所は、王位を継承できる資格を持つ者が直系に限定されないゆえにたくさん存在し、したがって王家断絶のリスクを小さくできることです。が、短所はまさにその長所そのもので、継承者が多いゆえにたとえば兄弟や従兄弟《いとこ》同士の玉座争い、すなわち誰がスクーンの運命の石に座るかといった身内の争いが起こりやすいことです。

もちろん、ダービニーにおいては、王に選ばれる者は年齢の適正さ、体の剛健さ、人格的高潔さなどが十分に考慮されるとの了解事項があります。こうして王に選ばれた者はタニスト（tanist）と呼ばれます。しかし畢竟《ひっきょう》、そういったものはあいまいな約束事に過ぎず、現実にはアルピン家における王位継承は、血なまぐさいものでした。たとえばマルカム一世からケニス三世までの七人の王の合計治世期間はわずか六三年という短さで、いかに争いや殺害が顕著だったかを示しています。

在位が長かったマルカム二世

そんななか、アルバ王に即位したマルカム二世（在位：一〇〇五―三四）は、この時代にあって三〇年近くの長期にわたって王位にあり、スコットランドの領域拡大に努めました。まず、彼はカラムの戦い（一〇一八年）でロジアン地域に住んでいたアングロサクソン人を降《くだ》し、その地の支配権を得ます。ロジアンはフォース湾とツイード川にはさまれた地域であり、かつてアングロサクソン人のバーニシア王国（後のノーサンブリア王国北部）があったところです。

さらにマルカム二世はストラスクライドを事実上したがえ、その王国の継承権を孫のダンカンに与えました。このダンカンはシェイクスピアの史劇『マクベス』では、武将のマクベスに殺される人のいい老王として登場しますが、実際はどうだったのでしょうか。ストラスクライドは、スコットランド北西部のクライド川流域に五世紀ごろからあったブリトン人の王国です。

これらマルカム二世の積極攻勢により、ツイード川をイングランドとの境とする、ほぼ今日の領域のスコットランドが出現しました。やはり治世が短いとたいしたことはできません。長かったぶん、このアルバ王はいろいろなことができたのです。ただし、スコットランド史への貢献が大だったことと、マルカム二世の性格が良かったのかどうかは、また別の話です。それはもう少しあとで。

問題ある王位継承

ところで王位継承者ですが、マルカム二世には男子がいませんでした。しかし、彼は王位に自分の直系の血を残すことに異様な執着を見せます。そこでマルカム二世は自分亡きあとのアルバ王に自分の孫のダンカンを、つまり長女ベソックの息子を指名しました。

これは直系に限定せず男子間で王位が継承されるというゲール的慣習を破るものでしたが、マルカム二世没後、遺言通り孫のダンカンが王（ダンカン一世）となりました。当然、王位継承権をもちながらも、それを無視された者たちにとっては、不快、不満が充満しています。

それでも王になった当のダンカンができる人物だったら、そういった声は多少でも押さえられたでしょう。しかし、彼は強情で勝手な性格であり、北部イングランド、ノーサンブリア地域のダラムに強引に侵攻して大敗するなど、王として家臣の信頼を集めるべくもありませんでした。実際、ダンカンを調べると、

……not a good old king but headstrong young one……

(Mackie, J.D., *A History of Scotland*)

「年齢を重ねた善良な王ではなく身勝手な若造」とか、現代の歴史書等ではダンカンはあまり良くいわれていません。わざわざnot a good old kingと書かれているのは、シェイクスピアの史劇『マクベス』では、歳《とし》をとった良王としてダンカンが登場しているからです。実際の彼は老人ではありませんでした。

シェイクスピアが描いたマクベスは、ダンカンの家臣で武将であり、自分の城を訪れたこのアルバ王の寝込みを襲いナイフで殺します。ダンカンを殺したのは、マクベスが三人の魔女に王になる身と予言されたからで、それによってむらむらと反逆心に火がついたというわけです。もっとも案外気が小さいところがあって、いざ眠っている国王を襲う段になると良心の呵責《かしやく》で迷います。が、そこは気の強い、あのマクベス夫人に尻を叩かれ、実行におよぶ、という寸法です。

マクベスの言い分

シェイクスピアはマクベスと夫人を悪者にしています。しかし本当は、マクベスにはれっきとした言い分があったのです。歴史上のマクベスはダンカンの武将ではなく血縁者であり、アルバ王国の正統な王位継承権をもった王族です。彼の父は王ではありませんでしたが、その父、すなわち祖父はアルバ王ケニス二世であり、また曽祖父はマルカム一世でした。マクベスはこの王だった曽祖父から男系でつながっています。ゆえに伝統的なゲール的価値観においては女系国王のダンカンは、マクベスにとっては不満というか、ありえないのです。

マクベス

また王位を得たのは寝込みを襲った「卑怯《ひきょう》な」やり方ではなく、堂々と戦いでダンカンを倒した結果です。そして、マクベス側にはもう一つ、ダンカン側に恨みがあります。それは、マクベス夫人グロッホの甥《おい》がダンカンの祖父のマルカム二世によって死に至らしめられた多くの犠牲者のなかの一人だったということです。マルカム二世は前述のように、スコットランドの領域を大きく広げた王でした。しかし、実際の彼は冷酷極まりない人間だったという評価があります。マルカム二世とダンカン……マクベスにとっては、許せない父子だったということです。

マクベスが善良な王だったかどうかはわかりません。ただ、彼の治世は一七年間（一〇四〇―五七）と、長いものでした。そしてマクベスはこの在位のなかの一〇五〇年、一介の巡礼としてローマに赴いています。巡礼に行ったから殊勝な為政者だった、とはいえません。でも、ローマへ行くことができるくらい、留守にした王国の安定には自信があった、彼の治世は堅いものだったとは、いってもいいかもしれません。ローマでマクベスはお金を種のようにばら撒いたそうです。よほど嬉《うれ》しかったのでしょうか、ローマに来られたことが。だとすれば、彼は少なくとも悪人ではないような気がします。

スクーンへ……

シェイクスピアの史劇『マクベス』はあくまでも創作です。しかし、マクベスというアルバの王がいたのは歴史的事実です。ということは、彼もスクーンの運命の石に座ったはずです。

そう、『マクベス』にはこんな場面があります。

マクダフ　いずれ傭《やと》われ仕事さ。王子のマルコムとドヌルベインはひそかに姿をくらましたぞ、おかげで嫌疑はもっぱらその二人に。
ロス　またしても、不思議な話を聞く！　それこそ、無考えというもの、われとわが手で、おのが命の綱を食い切るとは！　そうなれば、王位は自然マクベスの手に帰しましょうぞ。
マクダフ　もうその指名もすみ、戴冠式のため、スコーンへ立たれた。

（シェイクスピア著、福田恆存訳『マクベス』第二幕第四場）

父王殺しの濡《ぬ》れ衣《ぎぬ》を着せられぬよう、マルカムとドヌルベインの二人の王子は城から逃亡しました。ダンカンを殺した当のマクベスは、いち早くスクーンに向かっていました。運命の石に座って王冠を戴くために——。

註

＊1　ケルトの言葉にはＰケルト語とＱケルト語という二大カテゴリーがあります。Ｐケルト語はブリトン人の言葉より派生したウェールズ語、コンウォール語、ブルターニュ語などであり、他方Ｑケルト語はスコットランド・ゲール語、アイルランド語などです。この二種の言語は大きなケルト語というくくりでは同じですが互いに通じ合うことは困難です。

＊2　このファーガス・モーの父親とされるファーガス・マック・エリクが運命の石をアイオナ島からスコットランドの内陸へ移したとも伝わっています。

二、スコットランド王国出現前夜

カンモア王家の成立

マクベスは、しかしダンカンの息子マルカムに敗れます。ダンカンが敗死してからイングランドに逃れ、その地でずっと力を蓄えていたマルカムは捲土《けんど》重来、一〇五七年八月一五日、スコットランド北東部アバディーンの西方ランファナンでの戦いでマクベスを殺します。その戦場のそばにはいまもマクベスの石と呼ばれるものがあります。この石のうえに頭を押さえつけられ、斬首されたということです。復讐《ふくしゅう》はいつも残酷です。

もっともマルカムはすぐには王になれませんでした。マクベスのあと王になったのは、マクベスの継息子《ままむすこ》ルーラハでした。ルーラハはマクベスの妻グロッホが前夫のマリ領主ギレ・コムガンとの間にもうけた子です。グロッホ自身はアルバ国王ケニス三世（在位：九九七―一〇〇五）の孫でした。しかし、そのルーラハも結局は一〇五八年、アバディーンシャーのストラスボギーでマルカムに殺されてしまいます。その一カ月後、マルカムはスクーンの運命の石に座ってアルバ王（マルカム三世）として即位したのです。

このマルカム三世から一三世紀末のジョン・ベイリオルまで一三人の王を輩出した王家をカンモア家（The House of Canmore）といいます。マルカム三世は後日、カンモアと綽名《あだな》されたことからこの王家の名がついたわけですが、カンモアとはゲール語で大きな頭という意味で、またそれが転じて大首領といったニュアンスもあるようです。身体的特徴を綽名につけることは、たとえば西フランク王国のチャールズ禿頭王《とくとうおう》（Charles the Bald）とか、イングランド王ウィリアム赤顔王（William Rufus）、あるいはイングランド王エドワード一世の長脛王《ちょうけいおう》（Edward Longshanks）など、ヨーロッパの君主にはよく見られ、カンモアが実際に大頭だった可能性はかなり高いのではないでしょうか。

マルカム三世の妃

マルカム三世は大酒のみで野卑な戦士だったと伝わっています。大酒飲みはさておき、野卑な戦士だったというのはどうでしょう。父ダンカンを殺したマクベスへの復讐が酷かったから、そう言われたのかもしれません。ただ、この時代のスコットランドの王たちはゲール的王位継承の下、血族同士の殺し合いが頻発していましたから、ことさらマルカム三世が粗暴であるとか、野卑であるとかいわれる筋合いはないでしょう。

むしろ彼は熱心な宗教改革者であり、そういう意味では崇高な側面をもっていました。スコットランドのキリスト教がケルト的なものであったことは前節で述べました。それを彼はカソリックへと変えていったのです。ただ、このことはマルカム三世一人でできることではなく、彼の妃に負うところが大でした。というか、妃の力あってこその改革でした。彼女の名はマーガレット。アングロサクソン七王国の一つであるウェセックス王国の、あのアルフレッド大王直系の血が流れる女性でした。

この王妃マーガレットについては少し説明が必要です。マルカム三世は王位についた翌年(一〇五九年)、オークニー伯の未亡人で、ノルウェー王の血をひくインガボーグと結婚します。しかし彼女が一〇六五年に亡くなると、マーガレットと二年後に再婚します。

マーガレットの父親はエドモンド剛勇王(Edmund Ironside)の息子のエドワードです。エドモンド剛勇王とは、イングランド国王(在位:一〇一六)であり、イングランドに侵攻してきたデーン人の首領クヌートと戦います。戦いは五分で結果的に休戦協定が結ばれ、エドモンド剛勇王はイングランド国王となります。が、戦いの傷が原因で、わずか在位半年ほどで死んでしまい、その結果デーン人のクヌートがイングランドの国王となります。*1

マーガレット姉弟

剛勇王にはエドワード（マーガレットの父）とエドモンドという二人の幼い息子がいました。王位を安泰なものにするには剛勇王のこの二人の遺児は心配の種でしたから、クヌートは二人をスウェーデン王オラーフの元に送り、密《ひそ》かに殺してくれるように頼みます。ヴァイキング同士のよしみで、ということでしょう。

しかし、クヌートの目論見《もくろみ》に抗し、スウェーデン王は二人を自分の娘インギゲルドが妃として嫁いでいるキエフ大公国にそっと逃がします。インギゲルドはさらに用心してクヌートの手が完全に届かないようにと、キエフからハンガリー王宮へと送るのです。

二人はハンガリー王イシュトバーン一世の庇護《ひご》下、養育されます。残念ながらエドモンドは病気で亡くなってしまいますが、エドワードは成長し、やがてドイツ国王ハインリッヒ二世の姪アガサと結婚します。そしてこの二人から一男二女、すなわちマルカム三世の花嫁となる長女のマーガレット、次女のクリスティーナ、そして一番年下の弟エドガーが誕生します。マーガレットを筆頭にこの三人の姉弟には、アングロサクソン人の、アルフレッド大王より続く名門の血が脈々と流れていました。

そんな父エドワード、母アガサ、三人姉弟の一家五人は、一〇五七年、デーン朝が終わって復活したアングロサクソン朝のエドワード証聖王に呼ばれ、イングランドにやってきました。証聖王は自分の甥であるエドワードとその一家がハンガリーにいると知って驚き、大急ぎで呼んだのです。息子がいない証聖王にとっては自分の甥であるエドワードは、イングランド王の継承者として映っていたはずです。しかし、イングランド上陸二日後にエドワードは謎の死を遂げます。エドワードという強力な王位継承のライバルが突然現れたので、ウェセックス伯ゴドウィンの次男ハロルドあたりが毒を盛ったとの説もありますが真相は不明です。

亡命地スコットランド

そして肝心のエドワード証聖王は後継者に関しなんの遺言も残さず、一〇六六年一月に亡くなり、結果ハロルドが国王（ハロルド二世）となりますが、内々に親族の証聖王から次期イングランド国王に指名されていたと主張するノルマンディ公ギヨーム[*2]は怒りに怒ります。ギヨームは大軍船を連ねてイングランドに上陸し、ハロルド率いるイングランド軍を同年一〇月、ヘイスティングズに破ります。

このとき、ハロルド亡きあとに残ったアングロサクソン人の大物貴族たちは、イングランドに国王がいないのはまずいということで、エドワードの息子エドガーを急遽《きゅうきょ》国王に仕立てました。もちろんこれは戴冠式をしていないので正式な国王ではありません。その当の貴族たちは、ロンドンに勢いよく進軍してくるギヨームを見て、自分たちの所領だけはなんとか安堵《あんど》されたいと、国王にしたばかりのエドガーをあっけなくギヨームへ差し出すのです。

まったく酷い扱いで、エドガーはそのまま人質としてノルマン陣営に幽閉され、ギヨームはほどなく戴冠してイングランド国王ウィリアム一世（征服王）となりました。が、エドガーもさる者。隙を見てウィリアムのもとを脱出し、母アガサと姉のマーガレット、クリスティーナを連れてスコットランドへと、必死の思いで逃れることに成功します。

この一家を、しっかり保護したのがマルカム三世でした。ちょうどこのとき彼は妃のインガボーグを失ったばかりでしたが、悲しむ間もなく美貌と評判の高いマーガレットの虜《とりこ》になってしまいます。マーガレットも、マルカム三世にはなんら悪い気持ちはいだいてなかったので二人は大恋愛のすえ、結ばれます。

夫とともに宗教改革

こうしてマーガレットがマルカム三世の妃となったことで、スコットランドの、とくにローランドでは彼女がもたらしたアングロサクソン風文化が浸透していくことになりました。まず、マーガレットは聖コルンバのころより継承されているスコットランドのケルト系キリスト教になじめませんでした。彼女はスコットランドの教会におけるゲール的要素の排除に取り組み、新たにカソリックの様式移植に努めました。マーガレットはまたアングロサクソン語、すなわち英語の普及に努めました。この言葉は勢いをもって広がっていき、やがてローランドの一般的な話し言葉になっていきました。

マルカム三世妃マーガレット（写真：SIME/アフロ）

マーガレットによるこれら政治や言語、宗教など諸分野の変革がスコットランドにおいて進行していった背景には、夫マルカム三世の強力な理解・支持がありました。もともと若いころ、マルカム三世はマクベスに父親を殺されてエドワード証聖王治世下のロンドンに逃れ暮らしていました。

その地でふれたアングロサクソン文

化は、彼には本国スコットランドに比べきわめて優雅なものに映り、彼はそれらに日常的にふれ、親しむことで自我を形成していきました。そう、マーガレットが持ってきた文化は、このスコット人の王の文化的、精神的ルーツだったということなのです。

マルカム三世がマーガレットとともにスコットランドの、おもにローランドの変革を進めていったのは、彼女の美しさに参って言いなりになっていたのでは決してなく、アングロサクソン風文化を良しとする精神の深いところでの共通性があったゆえなのです。マルカム三世とマーガレットの治世は、スコットランド史のエポックともいうべきものでした。妃マーガレットは夫とともにスコットランドの宗教改革を続けていき、後に彼女は聖マーガレットとして、聖人の列に数えられています。

一方、マーガレットの弟エドガーです。彼は俗にエドガー・エゼリング（Edgar the Ætheling＝エドガー皇子）と呼ばれています。エドガーはウィリアム征服王の人質になっていた経験からイングランドを武力で乗っ取ったノルマン王権を生涯にわたって徹底的に憎み、スコットランドを拠点にしてイングランドに何度も出撃し、ノルマン人に飽くなき戦いを挑み続けました。マルカム三世は、この義理の弟となったエドガーに兵を授け、彼の反ノルマン闘争を終始一貫支援しました。ときにはエドガーとともに自らもノルマン人のイングランドに侵攻しています。

ノルマン人の移住

それにしてもスコットランドの隣国のイングランドは、マルカム三世の治世中に起こった一〇六六年のノルマンの征服以降、ノルマン人というフランス語のネイティブ・スピーカーが王や貴族、上級聖職者として君臨する「フランス人」の王国になってしまいました。英語はもっぱら庶民の話し言葉となり、以降、後の英仏百年戦争後半までの約四〇〇年間、イングランドは公用語をフランス語とする国となります。

ノルマンの征服によってそれまでのイングランド王国の主役だったアングロサクソン人は一気に支配される側に転落し、征服者ノルマン人にしたがいたくないアングロサクソン人としての矜持《きょうじ》を保った少なからぬ人々は、スコットランドに逃げてきました。ローランドの一般的な話し言葉がアングロサクソン人の言語＝英語になっていったのは、マーガレットたちの普及努力もさることながら、こういった理由もあったのです。

そのイングランドの収奪を終え、ほぼすべての貴族・領主層をアングロサクソン人から自分たちに置き換えたノルマン人が、やがて新たに向かったのは、スコットランドでした。しかし、今回のノルマン人の移動は、かつてのノルマンディからイングランドへのときとは、決定的な違いがありました。国土を武力で奪う侵略ではなく、平和裡《へいわり》に住み着くための入植だったのです。

この動きは一二世紀になってから顕著になります。ノルマンの征服から半世紀。イングランドではノルマン人がそれまでのアングロサクソン時代とは違った新時代のノルマン・イングランドを着々と構築していました。

それらは国家体制でいうなら封建制、すなわち貴族が土地を与えられるかわりに国王に地代や軍役を提供する制度の確立であり、建築でいうなら濠や塔、石垣といった強固なかまえを擁した領主たちの壮麗な城、あるいはローマ教会と固く結びついた各地における大聖堂の出現といったものでした。

これらのうち封建制を見るなら、国王は各地の貴族の忠誠を集めることで王権を一層強固にできますし、また教会は荘厳な建築によってカソリックの威光を人々に徹底することが可能となります。まさに歴史において近代への序曲となる中世封建制と教会支配が、ノルマン人のイングランドにおいて完成を見せていました。

ローランドの発展

1160年ごろに建設が始まったセント・アンドリューズ大聖堂（写真：遠藤徹／アフロ）

　こうした、ノルマン人が新しい中世国家を構築するさまをイングランドで見ていたのが、スコットランドの王デイヴィッド一世（在位：一一二四―五三）でした。デイヴィッド一世は父のマルカム三世が没したあとの王位争いのため、イングランド王宮で亡命生活を長い間続けていました。ゆえにイングランド事情に明るかったのです。

　彼はスコットランドの改革を推し進めるためにイングランドからノルマン人を積極的に呼びます。その結果、スコットランドに多くのノルマン人が入植することになるのですが、そのなかには後にスコットランドの王を出すことになるベイリオル家や、ブルース家がありました。ベイリオル家はフランス北部ピカルディーの、ブルース家はノルマンディの出身です。

マルカム三世は招聘《しょうへい》したノルマン人の多くを王国の中枢に登用します。そうすることで王国の体制を騎士たちの奉仕に基づく封建制に固め、また法を整備し、城塞や大聖堂の建築を進めていきました。こうしてローランドではノルマン化が進行していきます。王や貴族といった上層階級の話し言葉は、イングランドのようにフランス語になっていきました。もちろん、ローランドの一般の話し言葉としての英語は変わりませんでしたが。

私たちが「スコットランド」と認識している国は、結局のところハイランド人ではなく、ノルマン人の創造物である。（中略）一二世紀には、現在考えられる「スコットランド」は、まだ存在しなかった。けれどもノルマン人はローランドに居座り、できうる限りハイランドへもローランドの統治方法を押しつけて、国民形成の道のりを歩み始めたのだった。

（リチャード・キレーン著、岩井淳・井藤早織訳『図説スコットランドの歴史』）

今日のスコットランド人を構成する最後の要素であるノルマン人がローランドに来着し、その主役となったことで、スコットランドはアルバ王国からスコットランド王国へと、大きく舵《かじ》を切り始めました。

スコットランド一大事!

が、そうはいいつつも、王や貴族たちが、自分たちは紛れもないスコットランドという王国の人間であるという自覚と矜持を、いま一つ欠いていたのがこの一二世紀から一三世紀にかけてでした。前にもふれたことですが、この時代、イングランド国王に対して臣従の礼(homage)をとっていたスコットランドの王もいたのです。

たとえば先のデイヴィッド一世は、イングランドに亡命中、国王ヘンリー一世の命でイングランド中部ハンティンドン伯領の女子相続人と結婚し、その夫人の権利を通じて同伯領の領主となっていました。

その後スコットランドに戻り、国王に即位してからも、デイヴィッド一世はハンティンドン伯領を手放さなかったために、スコットランドでは王であってもイングランドではハンティンドン伯という一領主として、イングランド国王ヘンリー一世の臣下、ようするに家来という存在でした。そしてこのことをデイヴィッド一世は大して気にしていませんでした。領地はイングランドだろうがどこだろうが、たくさん持っていたほうがいいということなのでしょうか。

またデイヴィッド一世の孫のウィリアム一世（在位：一一六五―一二一四）は、彼の少し前までスコットランド王家が領有していたイングランド北部三州（ノーサンバランド、カンバランド、ウェストマランド）の再保有をイングランド国王ヘンリー二世に求めます。しかし拒絶されると、ヘンリー二世の次男の若ヘンリー王（Henry the Young King）が父王ヘンリー二世に対して起こした乱に加わり、そのどさくさに紛れて北部三州の実力奪還をこころみます。でも失敗し、ウィリアム一世はロンドンで人質となってしまいます。

結果、彼はその身の解放の条件として、ヘンリー二世よりスコットランド全体がイングランドに臣従を誓うことを強いられます。ウィリアム一世は要求を呑み自由の身となりますが、これはとんでもないことでした。つまり、イングランド王はスコットランド王の上王《じょうおう》（overlord）であって、スコットランドはイングランドの支配下にあると、スコットランドの王自身が認めてしまったわけです。これまで独立自由を保ってきたスコットランドは、ここでその大切なものを失いました。スコットランド史の一大事です。

獅子心王《ししンおう》のおかげ？

しかし、です。スコットランドにはツキがありました。これを最初のツキとします。二番目のツキはもう少し先で話します。それはこういうことです。スコットランドを自分のものとしたヘンリー二世が没したあと、次のイングランド国王になったのは息子のリチャード一世でした。この王は獅子心王（the Lionheart）と綽名されるほど勇猛豪胆で、大の十字軍マニアでした。

ゆえに獅子心王はウィリアム一世に話を持ちかけます。十字軍遠征の戦費に一万マルククれるなら、スコットランドを臣従関係から解放すると。当然ウィリアム一世は支払い、イングランド支配から脱出します。獅子心王は売れるものはなんでも売って遠征費の足しにしたそうで、「ロンドンを売ってもいい」とまで言ったようです。

そんな獅子心王も、また先の若ヘンリーも、父王ヘンリー二世に対しては反乱を起こしていた過去があります。これも当時アンジュヴィンズ（アンジュー家）と称されたフランス人のイングランド王家が起こした、彼らのフランスの本領地における骨肉の争いとでもいいますか。ただ、このとき反ヘンリー二世側と組んで、フランスに遠征してまで戦ったスコットランド王ウィリアム一世に、獅子心王がシンパシーを多少ともいだいた可能性は十分あります。だから、一万マルクですべてご破算にするとウィリアム一世に言ったのだと推測しても、あながち外れではないような気がします。

ともあれ、リチャード獅子心王というスコットランドにとっては「ありがたい」十字軍マニアがヘンリー二世の次のイングランド国王になってくれたおかげで、出費はあったもののスコットランドは臣従関係から解放され、独立を回復できました。再度言いますがこれが最初のツキです。

それにしてもこの幸運をもたらした獅子心王は、フランス人そのものでした。彼の関心事は、最大の出来事である十字軍遠征をのぞけば、フランス本領地アンジューの経営にあり、そして領地支配をめぐるフランス国王フィリップ二世との争いでした。イングランド国王在位一〇年のうち、ほとんどを遠征やフランス滞在に費やし、ロンドンにいたのはほんの六カ月という、英語をまったく話せないイングランド国王でした。

もうだいぶ前の映画になってしまいましたが、ケビン・コスナー主演の『ロビン・フッド』には、最後のほんのワンシーンに、十字軍帰りのリチャード獅子心王に扮《ふん》した、ショーン・コネリーが出てきます。代価一万マルクとはいえ、スコットランドに自由を返した獅子心王役を、スコットランド人のショーン・コネリーが演じていたことは、いま振り返るとちょっと面白い気がします。

二股貴族たち

さて、王だけではありません。スコットランドの貴族もこの一二、三世紀あたりは、自国への帰属意識がさほど強くはありませんでした。たとえば既述のノルマン系のブルース家の場合、スコットランド南西部国境付近のアナンデールや西部のキャリック伯領、北東部ゲイリーに所領をもち、イングランドでは中部のハンティンドン伯領諸州、北東部のヨークシャー、南東部のエセックス、北西部にも所領がありました。またアソル伯やファイフ伯などもイングランドに領地を所有していました。

封建制の大原則に照らすなら、これらブルース家等のイングランドにおける所領はイングランド国王から付与されているわけです。したがって彼らはイングランド国王に軍役などの奉仕の義務を負っていることになります。スコットランドではスコットランド王にしたがい、イングランドではイングランド国王にしたがう……当然領地収入は上がります。二股臣従がふつうに見られた時代であり、スコットランド人としてのナショナル・アイデンティティもたいして強固ではありませんでした。

王も貴族も人民も、自分たちの国を誇りとし、いざというときは団結して守る……スコットランドが彼らの唯一無二の母国になるためには、もう少し試練が必要だったのです。そしていよいよスコットランドは、そんな栄誉ある王国になる道を、ある危機がきっかけで歩み始めることになります。

マカルピン直系の最後の王

それは王の死が序曲でした。ウィリアム一世の孫のアレグザンダー三世（在位：一二四九—八六）は、ヴァイキングの首領でもあるノルウェー王ホーコン四世の軍をスコットランド西部のラーグズで壊滅させた力強いスコットランド王です。アレグザンダー三世は、一二六三年のこの戦いで陣没した王ホーコン四世の息子で次のノルウェー王になったマグヌス六世と、三年後に平和条約を結びます。

その結果、ヴァイキングが領有していた西部のヘブリディーズ諸島やマン島はスコットランドのものとなり、また北部のオークニー諸島、シェットランド諸島は四〇〇〇マルクの一括払いと、毎年一〇〇マルクをノルウェーに支払うことでスコットランドへの帰属が決まりました。アレグザンダー三世とは、このようにその三七年にわたる長い統治の間に、王国としてのスコットランドの領土を固めることに大きな業績を残しました。

このアレグザンダー三世の最初の妃マーガレットは一二七五年に亡くなっていましたが、王との間に二人の息子と一人の娘をもうけていました。が、二人の王子のうち、年少のデイヴィッドは一二八一年に、年長のアレグザンダーは一二八四年に亡くなっていました。アレグザンダー三世自身も、不慮の死を遂げることになります。一二八六年三月、王は新たな妻のヨランドがいるファイフのキングホーンに行くため、三人の従士とともに嵐のなかを馬に乗ってエディンバラ城を出ます。難所のフォース川を無事に渡った王でしたが、風雨はますます激しくなり、従士たちは引き返すことを訴えますが、王はかまわず夜通しで駆けます。王妃に一刻も早く会いたかったのでしょう。

暗闇と激しい嵐のなか、主従はいつしかお互いを見失ってしまいます。やがて夜が明け、発見されたのは崖の下の海岸で倒れているアレグザンダー三世でした。王はすでに死んでいました。首の骨が折れていたのです。落馬し、崖から転落したのでした。アルバ王国の

アレグザンダー三世

始祖ケニス・マカルピンからの直系の血をひく最後の王でした。

ノルウェーの乙女

ただ、アレグザンダー三世には、前述の最初の王妃マーガレットとの間にもうけた娘がいました。母親と同じ名のマーガレットで、ノルウェー王エリク二世の妃になっていました。エリク二世は平和条約を結んだマグヌス六世の息子です。残念ながら彼女はノルウェー王と結婚三年目で他界してしまいます。が、ノルウェー王との間にこれもまたマーガレットという名の少女を残していました（つまりマーガレットという名が三代続いたわけです）。

実は一二八四年、スコットランド王アレグザンダー三世は亡くなる二年前、重鎮たちをスクーンに集めました。ここで彼は、このまま後継ぎが得られなかった場合にはこの孫娘マーガレットを自分の後継国王にすることを伝え、女子の王位継承に驚く彼らを説得し、了承させていたのです。王の死の直後、彼女の即位までの間に六人の王国守護官、つまり摂政を国の大物のなかから選んで国政をゆだねることになりましたが、マーガレットは、歴史上「ノルウェーの乙女」（Maid of Norway）という呼び名で知られています。摂政たちはアレグザンダー三世の遺志にしたがい、当時まだ三歳だったマーガレットをノルウェーにいたまま王位につけます。スコットランド初の女王の誕生です。運命の石には座っていませんが……。

そして四年後の一二九〇年。マーガレットはある相手と結婚するため、ノルウェーからスコットランドに来ることになり、ベルゲンから船に乗ります。ところが海は時化《しけ》で荒れオークニー諸島に船がついたときには、「ノルウェーの乙女」は酷い船酔いですっかり弱り果て、そのままその地で亡くなりました。七歳でした。

さて、では誰を次の王にするのか。誰をスクーンの運命の石に座らせるのか。スコットランドはにわかに騒がしくなってきました。

註

＊1　デーン人とヴァイキングは同じ意味です。英国史では伝統的にヴァイキングをデーン人と表現しています。本書では状況に応じてデーン人、ヴァイキングと言葉を使いわけています。デーン人クヌートが開いたイングランドのデーン朝は、クヌート（在位：一〇一六―三五）、ハロルド庶子王（在位：一〇三五―四〇）、ハルタクヌート（在位：一〇四〇―四二）と三代続きます。その後アングロサクソン人のエドワード証聖王（在位：一〇四二―六六）が即位し再びアングロサクソン人の王朝が復活しますが、次の王ハロルド二世（在位：一〇六六）のときにノルマンディ公ギヨー

ム（ウィリアム一世＝ウィリアム征服王）がイングランドに侵攻しハロルドを破り、イングランドにノルマン朝を開きます。これによりアングロサクソン・イングランド王国は終わりを告げ、フランス語を話す王や貴族を支配者とするノルマン・イングランド王国へと時代が移っていきます。

＊2　エドワード証聖王の母エマはギヨームの大叔母にあたります。エマとイングランド国王エゼルレッド無策王の間に生まれたのが証聖王であり、エマの兄であるノルマンディ公リシャール二世（善良公）の孫がギヨームになります。

第三章　独立戦争

一、運命の石、ロンドンへ

イングランド国王への使者

ちょっと時間を戻します。アレグザンダー三世の葬儀が一二八六年三月二九日に行われるとすぐに、そのことを伝えるため、グラスゴーの司教ロバート・ウィシャートとセント・アンドリューズの司教ウィリアム・フレイザーは使者をフランスのガスコーニュに送りました。当時から欧州随一のワインの産地ボルドーを擁するガスコーニュは、アンジュー朝（プランタジネット朝）のイングランド王家の本領地であり、そのときイングランド国王エドワード一世はそこにいました。

なぜ使者が送られたのかといえば、アレグザンダー三世とエドワード一世は義理の兄弟だったからです。つまり、アレグザンダー三世の最初の妻マーガレットはイングランド国王ヘンリー三世の娘であり、エドワード一世はマーガレットの兄になります。ゆえにエドワード一世は、「ノルウェーの乙女」マーガレットの大伯父でした。この関係が、やがてエドワード一世をスコットランド侵入へ、そして征服・支配へと導いてゆく大義名分となるのですが、ここで英国史において一、二を争うほど傑出した王と評価の高いエドワード一世をまず紹介しておきます。

傑物エドワード一世

ノルマンの征服以来、ウィリアム（ギヨーム）、ヘンリー（アンリ）、スティーブン（エティエンヌ）、リチャード（リシャール）、ジョン（ジャン）とフランス風の名前が続いてきたイングランド国王のなかで、エドワード一世は珍しく被征服者アングロサクソン人の名前を持った王でした。[*1] もっとも、彼は本質的にはフランスの広大で豊かなアキテーヌ地域（ガスコーニュも含まれる）を経営するフランス人の大領主であり、英語ではなくフランス語を母語とするイングランド国王でした。

エドワード一世のイングランドにおける大きな業績の一つは立法です。それまでのイングランドの法制度は大変複雑でした。法廷には貴族たちの領地争いを扱うものから議会を対象にしたものまでさまざまなタイプがあり、異なった法判断が錯綜《さくそう》していた状態でした。そして地方では古いアングロサクソン時代の法裁きが健在であり、教会は教会で独自の強い裁判権を有していました。

エドワード一世

こうした各地各勢力の思惑が入り乱れた法制度の現状に対し、エドワード一世が行ったのが一連の法律制定でした。それは一二六七年のマールバラ制定法に始まり、ついで一二七五年のウェストミンスター第一制定法、一二七八年のグロースター制定法、さらには一二八五年のウェストミンスター第二制定法といったものです。これらによってエドワード一世は何物にも優越する国王裁判権の確立をはかりました。他方で、中世封建制社会の基礎となる貴族を決してないがしろにはせず、彼らの特権の保護をも法令のなかで尊重しています（グロースター制定法など）。また商業の発展を促進するため、商人のための法の制定にも努めています（一二八五年の商人制定法など）。

こうした画期的な法制定のゆえをもって、エドワード一世は、あの東ローマ皇帝ユスティニアヌスにたとえられ、「イングランドのユスティニアヌス」（English Justinian）と後世呼ばれています。

またエドワード一世は議会を尊重し、一二九五年一一月には模範議会（Model Parliament）と称されるイングランド議会を開いています。これはフランスやスコットランドへの遠征に必要な戦費を集めるために開かれたものでしたが、社会の幅広い階層から代議員が呼ばれたため後の議会の模範となりこの名が生まれました。"Longshanks"＝「長脛王」と綽名されるほど背が高く、ルックスも良く、堂々とした体軀《たいく》の王であったと伝わっています。

王を決めてほしい……

話を戻しますと、今度は一二八六年九月、ガスコーニュでエドワード一世は後継に関する取り決めについて伝えに来たスクーンからの使者たちを迎えます。が、実はそのはるか前、アレグザンダー三世が亡くなってさほど日にちが経ってないころにそれを知ったエドワード一世は、「ノルウェーの乙女」の父であるノルウェー王エリク二世とコンタクトを取っていました。息子のエドワード（二世）とマーガレットとの婚儀を進めていたのです。そしてその結婚話はまとまりました。

二人が結婚すればスコットランドとイングランドは互いに共同統治者を持つことになります。

そうすればスコットランドはイングランドにとっては安泰となり、アレグザンダー三世の未亡人ヨランドの実家であるフランスのドルー家や同家と連合しかねないフランス王家から、ガスコーニュの領地を突かれないですみます。

またスコットランド女王の外戚となることで、やがてはスコットランドそのものを手中に収める可能性がでてきます。エドワード一世には、野望があったのです。ブリテン島全土をイングランド支配の下に統一するという。すでに彼は二度にわたるウェールズ征服戦争を起こし、一二八二年、ウェールズ大公サウェリン・アプ・グリフィズを戦場で殺害し、ウェールズの政治的独立に終止符をうっていました。その彼の頭にあったのは、もう一つの未征服地スコットランドでした。

さて、エドワード一世に会った使者たちはスコットランドに帰り、摂政たちにエドワード一世の意向を伝えます。ノルウェーの乙女マーガレットとエドワード一世の若王子（後のイングランド国王エドワード二世）との結婚話は、イングランドの影響力が強くなるといった懸念が一部から示されたものの、結局は支持されました。この婚儀のため、スコットランド側から呼ばれたマーガレットは海を渡り、そして死んでしまったということだったのです。

エドワード一世はノルウェーの乙女を失ったことで、スコットランドを「乗っ取る」カードを失ってしまいました。しかし、世の中は本当にわからないもの。ほどなく、スコットランド側から実にうまい話が飛び込んできました。エドワード一世にスコットランドの王を決めてくれ、というのです。

これはたまりません。なぜなら王の決定をイングランド王にゆだねることは、スコットランド自らイングランド王を上王と認めること、つまりイングランドの宗主権を認めることに必然的につながります。なんでこんな「下策」としかいいようがない申し込みをスコットランドはしたのでしょう。

司教の独断

ノルウェーの乙女マーガレットが死んでから、スコットランドでは空席になった玉座をめぐって、われもわれもと候補者が名乗りを上げ、その数は全部で一三人に達していました。ただしこれらのなかには名門ゆえに見栄《みえ》で形だけ名乗りを上げている者が多く、実質的にはジョン・ベイリオルと、「競合者ロバート」(Robert the Competitor) と呼ばれるロバート・ブルース(後のロバート一世)の祖父の二人の争いでした。もともと仲が悪かったベイリオル家とブルース家の王位への執着は強烈で、お互い譲らずスコットランド国内はこの両陣営の内戦の気配すら漂ってきました。

ベイリオルも競合者ロバートもノルマン系の家系であり、ベイリオルは国王ウィリアム一世の五親等の子孫、競合者ロバートは同国王の四親等の子孫でした。親等の近さからみるなら競合者ロバートのほうが有利でしたが、いかんせん八〇を超える老齢でした。彼は頑固かつ粗暴な性格であり、六人の摂政に選ばれなかった恨みもあってベイリオルが王になりそうだと見るや、息子のロバート（キャリック伯ロバート。ロバート一世の父）とともに兵をあげていました。

対してベイリオルは好感をもたれる穏やかな人柄だったといわれており、支持者も聖俗含めて多彩でした。なかでも、エドワード一世に使者を送った先のセント・アンドリューズの司教ウィリアム・フレイザーは、ベイリオルを国王に推す中心人物でした。

競合者ロバートと自分が支持するベイリオルの、ますますヒートアップする王位争いの行く末に懸念をいだいていたフレイザーは、内乱が一段とエスカレートするのを避けたい意味もあって、もう一度エドワード一世に使者を送ることにしたのです。

つまり、このイングランド国王にスコットランドとの国境近くに出向いてきてもらって、王位争いの仲裁者となってもらい、結果的にベイリオルをスコットランド王に選んでもらいたいと考えたのです先ほどスコットランドはなんでこんな「下策」をしたのかといいました。実は、これはフレイザーの独断でした。フレイザーは彼なりに自分の国の将来を考えてのことだったのであり、これはこれでわからなくはありません。

しかし、その後の歴史の進み方を見ればフレイザーの行為は結果的にスコットランドを「売った」わけで、今日に至るまでかの地において彼の評判は良くありません。まあ、それも七三〇年以上も経ったうえでの人々の評価ですから、仕方がないでしょう。

大訴訟

かくてフレイザーの、いやスコットランドの招きでエドワード一世はイングランド北部のノラムに赴き、一二九一年五月一〇日、その地にスコットランドのおもだった貴族、聖職者を呼びます。そしてスコットランドの王を決める法廷、いわゆる「大訴訟」(Great Cause あるいは Great Court Case といわれる)が開かれる前に、エドワード一世は、イングランド王である自分が彼らの宗主権を持つことを認めるよう要求します。

イングランド王はスコットランド人の上王であり、ゆえにすべてのスコットランド人は自分に臣従しなければならない、と。そしてその決心をさせるため、彼らに三週間の時間が与えられました。
不承不承や騒ぎがあったものの、結局全員から宗主権の承認を取り付けたエドワード一世は、すかさず彼ら全員に忠誠の誓約を行わせ、これで彼は実質的にスコットランドの支配者となりました。そして同年八月、スコットランドの王を決める大訴訟がスコットランド領内のベリックで始まりました。[*2]
大訴訟の法廷は一〇四人の監査人で構成され、うち二四人はエドワード一世の王宮から、四〇人は競合者ロバートが、また四〇人はベイリオルがそれぞれ指名した者、という具合でした。ただ、この「大訴訟」はそもそもがセント・アンドリューズの司教ウィリアム・フレイザーの思惑によるものである以上、誰が選ばれるかは最初から明らかな性質のものでした。
それでも法廷ですから、双方が延々と自分の王位正統性を述べたりするわけで、時間だけは結構かかりました。が、ベイリオルが選ばれるという方向性は崩れることはなく、大勢はだんだんまとまっていきました。ただ、監査人たちが結論を出すことはなく、最終的にはエドワード一世の判断にゆだねられました。これもシナリオ通りのことです。満を持し、エドワード一世はマーガレットが亡くなって以来約二年間空位だったスコットランド王に、ジョン・ベイリオルを指名しました。

かくして一年以上費やした大訴訟は終わり、ベイリオルは一二九二年一一月三〇日、スクーンで戴冠し、スコットランド王となりました。もちろん、エドワード一世はぬかりなく翌一二月、イングランド北東部ニューカッスルにおいて、ベイリオルに臣従の誓いをさせます。かくしてイングランドの傀儡王《かいらいおう》ジョン・ベイリオルは誕生しました。彼はスクーンの運命の石で戴冠した最後のスコットランドの王でした。この王を座らせて、運命の石はなにを思ったのでしょうか。

バラバラなスコットランド

いまやスコットランドはエドワード一世の思うがままでした。彼はスコットランドのおもな城をイングランド側に明け渡させ、駐留軍をスコットランド各地に配しました。ベイリオルはことあるごとにロンドンに呼び出され、彼がイングランドの意のままに動く王であることをエドワード一世は大衆の目に焼きつけました。みじめ極まりないスコットランドとスコットランド王でしたが、まだ軍事侵略されていないだけましでした。少なくともこの時点では、です。

もっとも、こういったエドワード一世を積極的に支持していたスコットランドの貴族がいたことも、また事実でした。ローランド地域には反ベイリオル派の大物貴族もいて、たとえばファイフのマクダフのように、イングランドの法廷にベイリオルへの訴訟をもちこんだりする者がいました。

他方ハイランドにおいては、さしものエドワード一世の影響力もおよんではいませんでした。なんといってもこの地域は山岳地帯であり、イングランドと同じノルマン文化を共有するローランドとは異質のゲール的地域でした。そもそもエドワード一世は、ハイランドを押さえる必要性をまったく感じていませんでしたし、ローランドのスコットランド人がろくに統治できなかったハイランドを、さらに遠いイングランドから治めることはまず不可能だったのです。

ともあれ、スコットランドはいまやローランドを中心にイングランドの支配下にありました。そして、そこに住む人々の思惑はバラバラでした。スコットランドがまとまってイングランドに反抗していくには、もう少し時間が必要でした。

もし、それができたら、スコットランドが一つになってイングランドにぶつかっていく日がきたら、そのときはもはやこの国はアルバ王国の残り火などではなく、スコットランド人のスコットランド王国になったということができるでしょう。そして、そのための三二年におよぶ大戦争は、間もなくあることがきっかけで始まります。

古き同盟

それは、ベイリオルが「キレた」ことがはじまりでした。このころ、イングランド王のフランスにおける領地ガスコーニュを没収すべく、フランス国王フィリップ四世はエドワード一世と戦っていました。これがガスコーニュ戦争（一二九四―一三〇三、アキテーヌ戦争、もしくはギエンヌ戦争ともいわれる）であり、英仏百年戦争の前哨戦《ぜんしょうせん》とも称されます。

基本的にはエドワード一世はこの戦争の前から大陸にいて、合間合間にイングランドに帰ってきて「大訴訟」などに出たりしていましたが、彼はこの戦いへのスコットランド兵の派遣をベイリオルに命令してきたのです。

イングランド王の下王としてさんざん屈辱的な要求を呑んできたベイリオルは、もう我慢できませんでした。彼はエドワード一世の求めを拒絶し、一二九五年一〇月にパリに使者を送り、スコットランドとフランスの軍事同盟であるパリ条約を結びます。明確にイングランド王に反旗を翻したのです。賽《さい》は投げられました。

なお、このパリ条約は俗に「古き同盟」（Auld Alliance）と呼ばれています。なぜそういう名がついたかというと、パリ条約を嚆矢《こうし》にフランスとスコットランドの同盟は、一五六〇年にときのイングランド女王エリザベス一世がスコットランドに侵攻し、フランスとイングランドとの間でエディンバラ条約を締結するまで、二六五年にわたって続いたからです。

　この、イングランドという共通の強力な「敵」に起因するスコットランドとフランスの長きにわたるつながりは、現在もなお双方に互いへの親近感として人々の心に一定程度存続しています。今日、イギリスがＥＵを離脱したことに対し、スコットランドで相当不満の声があるのは、ＥＵの盟主としてのフランスに対する、ある種「歴史的同志」としての思いが根底にあるからです。こういうメンタリティも、ＵＫ離脱をはかろうとしているスコットランドを後押ししていると考えられます。

　ついでにいうとアイルランドとフランスの歴史的な結びつきや互いの親近感も、双方がカソリック国である以上に、対イングランドあるいは対イギリスといった共通の利害に基づいたものといえるでしょう。

　また、程度は違いますがウェールズも、一五三六年にイングランドに併合される前、対イングランドにおいてはフランスと濃いつながりがありました。それだけイングランドは、とくにノルマンの征服以降のイングランドは、恐ろしいまでに強かったということです。

イングランド軍の暴虐

さておき、ベイリオルの「裏切り」に、イングランド国王エドワード一世は、まずイングランド北東部ニューカッスルにベイリオルをはじめとしたスコットランドの重鎮たちを呼びつけることにしました。とりあえずスコットランド側の申し開きを聞こうということです。これは一応のジェスチャーですね。いきなり軍を進めてもかまわないのですが、王としての度量を示したというところです。

もちろん行ったらその場で首を取られかねませんので、ベイリオルたちは招喚に応じるはずはありません。そもそもイングランドと戦う覚悟でフランスと軍事同盟を結んだのですから。当然エドワード一世も彼らを呼びつける一方で着々と、中世世界最強といわれたイングランド軍の動員を進めています。記録によれば騎兵四〇〇〇、歩兵二万五〇〇〇（含む弓兵）の大兵力がニューカッスルに集結を完了。一気にツイード川を渡り、一二九六年三月三〇日、当時最大のスコットランドの港町、ベリックの郊外にこの大軍は展開します。

結果は悲惨でした。エドワード一世は、この港町をみせしめにしたといわれており、容赦はありませんでした。女性は町を去ることを許されましたが、男は兵士、市民の別なく殺されました。人々は枯れ葉が散るごとく斃《たお》れ、死体はそのまま放置されたり、井戸に投げ捨てられたり、海に捨てられたり、最後に聖職者たちが泣きながら哀願するまで殺戮《さつりく》は止《や》まなかったとい

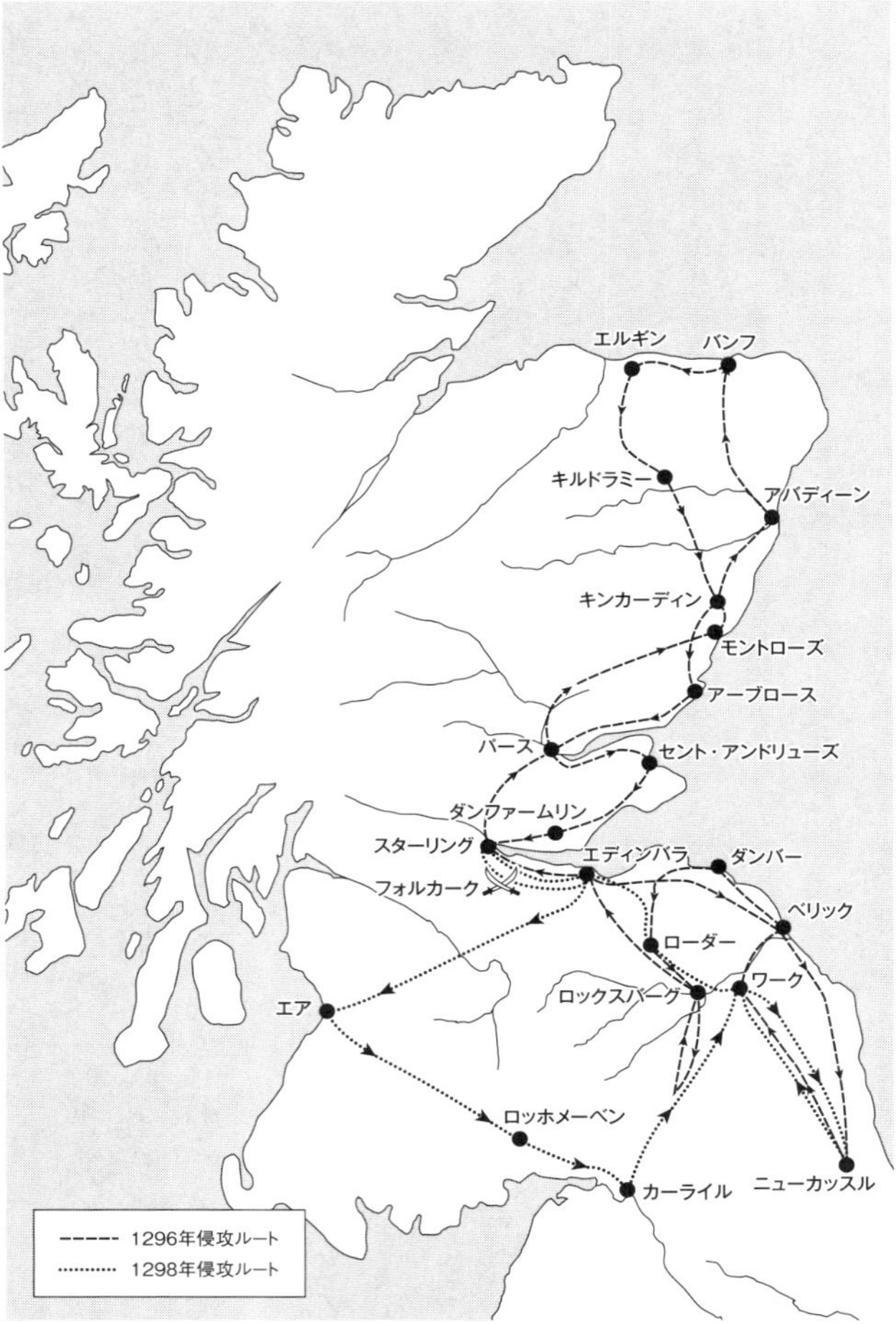

エドワード一世のスコットランド侵攻ルート
（*Edward I* の図をもとに作成）

うことです。くわしい数は不明ですが一万一〇六〇人が殺されたという記録が残っています。

ベリックを徹底的に蹂躙したあと、イングランド軍は北上し、ダンバー、エディンバラ、スターリング城、アバディーン、エルギンと次々と攻略し支配下に置きます。行くところ敵なしでした。騎兵を擁したイングランド軍の兵装は中世では最強であり、スコットランド兵の装備はそれに比すべくもありません。開けた地形の戦いにはスコットランド軍はまったく勝ち目がなく、小隊による奇襲戦法でイングランド兵目がけ、罵声を浴びせ突っ込んでいく若干の抵抗があった程度でした。

奪われた運命の石

ベイリオルは各地を転々としながら対イングランド戦の指令を出していたとされていますが、彼にしたがう者はほとんどなく、やがてアンガス地方で捕えられます。エドワード一世はベイリオルの王冠をイングランド兵に放り投げておもちゃにし、さんざんに辱《はずかし》めたということです。

一二九六年七月、ベイリオルは王位を降ろされ、ロンドンに送られました。そしてスコットランドじゅうのおもだった領主・貴族はすべてベリックに集められました。そこで彼らは、

Ragman Rolls《ラグマン・ロール》（くず拾いの目録）と、今日も屈辱的に呼ばれる降伏文書に署名し、エドワード一世が彼らの唯一の王であることを誓ったのです。署名は約二〇〇〇にのぼったそうです。

Hammer of the Scots《ハンマー・オブ・ザ・スコッツ》——スコットランド人への鉄槌《てっつい》。スコットランドを叩きのめしたイングランド王として、エドワード一世はこう称されます。少し前、ウェールズがエドワード一世によって征服されたように、いまスコットランドは同じ王によって征服され、ここにその独立は——一時的ですが——絶たれました。

その象徴が、エドワード一世による運命の石の強奪でした。この遠征中、宝物大好きなこのイングランド国王は、かつてウェールズでやったようにスコットランドの貴重な古記録類や宝石といった大切なものを奪いました。その彼の略奪の極めつけが、スクーン修道院にあった聖マーガレットの黒十字架と、運命の石だったのです。スコットランドにはもはや王はいなくなりました。よって王を座らせて戴冠の儀式を執りおこなう運命の石は必要ありません。この石をロンドンに運ぶのは、スコットランド完全征服の証でした。

戴冠の椅子を作る

そのエドワード一世にはある考えがありました。彼は家具職人に命じて豪華な木製の椅子を

西三五キロメートルほどのフォルカークで、ウォレスのスコットランド軍と対峙《たいじ》します。

ウォレスの軍勢はイングランド軍の半数以下で、軽騎兵一〇〇〇、歩兵五〇〇〇という構成でした。このうち軽騎兵は貴族を中心とした隊でしたが、彼らは戦いに強いエドワード一世に怖気づいており、やっと軍に加わっているような状態でした。ただ、ウォレスはイングランド軍の補給部隊が本隊に追いついていないことを知っていて、事実戦いが始まる直前まで、イングランド軍は兵も馬もまる一日なにも食べていない状態でした。

ウォレスはイングランド兵をさらに北に誘い込んで、兵糧戦に持ちこんで勝つ考えだったようです。が、後退するのはこれ以上我慢できないという兵たちに押されて、ここフォルカークで雌雄を決することに決めました。そういうことから、ウォレスは兵たちに次のように言ったと伝わっています。

I have brought you to the ring; dance the best you can.
――私はおまえたちをこの晴れの舞台に連れてきた。さあ、踊れ、思いきり。――
（Mackay, James, *William Wallace: Brave Heart*　筆者訳）

もっともこの言葉は、ここで戦わざるを得なくなったウォレスが、戦いの結果を見通した告別の辞だったともいわれています。

一二九八年七月二二日。フォルカークの戦いは始まりました。結果は、スコットランド軍の惨敗でした。長い槍を揃えたシルトロンと呼ばれる密集部隊を四隊、湿地の後方に配置させていたウォレスの軍は、巧みに湿地を迂回して左右からはさむように次々と攻撃してくるイングランド軍の重装騎兵に善戦はしたものの、次第に切り崩されていきました。

戦闘の仕上げにエドワード一世は重装騎兵を後退させると、ウェールズ人長弓兵の一斉射撃をシルトロン隊に浴びせ、壊滅させました。スコットランド貴族の軽騎兵隊は、戦いが始まりイングランド軍の重装騎兵が突撃してくるとすぐに戦場から逃げました。ウォレスは辛くも戦場から脱出することができました。一説にはロバート・ブルースに助けられたから、ともいわれています。

英雄の最期

かくしてエドワード一世によるスコットランド支配は復活しました。ウォレスはその後、フランスに渡り、反イングランド戦への支援を求めたと伝わっています。ローマにも行ったようです。その後、密かにスコットランドに戻ってきた彼は、北部を転々としながら、イングランドに対するゲリラ的な反抗をやめることはありませんでした。

しかし一三〇五年八月三日、ウォレスはグラスゴーで同胞であるスコットランド人の罠《わな》にはまり捕えられてしまいます。彼はそのままダンバートンに連行され、州長官のスコットランド人領主ジョン・メンティースに引き渡されます。ウォレスは暑い夏の日差しのなか、馬の背中にくくり付けられ四〇〇マイル離れたロンドンへと運ばれました。ふつうの人間ならば、こんな苦しい移送をされたら途中で死んでしまうでしょう。

ロンドンで裁判にかけられたウォレスは国王への反逆罪を言い渡され、その日のうちに刑が執行されました。まず死なない程度に首を吊《つ》るされました。次に性器が切り取られ、腹を裂かれて内臓が取り出されました。それでもまだ生きていたウォレスの目の前で性器と内臓が焼かれ、最後に斧で首を刎《は》ねられました。

その後、四肢はバラバラにされ、首はロンドン橋の塔で槍で刺されたまま晒され、手足はブリテン島の四隅にそれぞれ送られました。国王に逆らうとこうなるというみせしめです。処刑は実際にこのように行われたことがわかっています。ロンドンでこの公開処刑を目撃した人々の記録が複数残っているからです。

ウォレスはこうして舞台から消えていきました。しかし彼の死は、イングランド側の警告とは逆に、もう一人の独立の英雄をスコットランドに誕生させることになりました。ロバート・ブルースです。

これまでイングランドに近づいたりスコットランド側に戻ったり、揺れ動くことをむしろ楽しんでいた感さえあるこのノルマン系の御曹司は、エドワード一世に対してはいい加減な態度を取ることはできないと、ウォレスの死でわかったのです。ブルースはなおも揺れながらも、次第に引き締まった独立の闘士へと変貌していきます。

註

＊1　わが国ではそれほどではありませんが、イギリスやフランスなどヨーロッパでは海水の干満差が大きく、内陸深くまで遡ってくる潮の影響で川の水面が大きく上下する現象が、多くの地点で見られます。

三、ロバート・ブルース、独立を奪還

七代目ロバート・ブルース

ロバート・ブルース、すなわち後のスコットランド国王ロバート一世は一二七四年七月一一日、南西スコットランドのエアにあるターンベリー城で生まれました。すでにふれたようにブルースはノルマンの血筋であり、彼から遡ること七代前のアダン・ド・ブリュがノルマンディ公ギヨーム（ウィリアム征服王）の供としてブリテン島に侵攻し、北部イングランドのアングロサクソン人を平定した功で多数の領地を獲得したのが一族の歴史のはじまりです。

このブリュの長男が初代アナンデール卿ロバート・ブルースです。彼は北部イングランドの大領主であるとともに、スコットランド王デイヴィッド一世からアナンデールの広大な土地の領主権を与えられたのでこう呼ばれました。以降、彼の後継者たちはこの称号と名前をずっと継承していきます。したがって本章で語っていくロバート・ブルース（以降、同名による混乱を避けるため基本的にブルースと記します）は七代目ということになります。

スコットランドの、とくにローランドの領主たちには、ブルース一族のようにイングランドにもスコットランドにも根を張ってきたノルマン系の者たちが多くいました。したがって彼らの忠誠心が、しばしばスコットランドとイングランドの間を行ったり来たりする、つまり「二股的」になるのは、そのルーツを考えればある意味では理解できることです。

事前に知っていた？

さて、一二九二年、ブルースが一八歳のときです。彼の祖父である五代目アナンデール卿の競合者ロバートは、「大訴訟」でのエドワード一世の裁定により、ライバルのジョン・ベイリオルに敗れ、スコットランド王になれませんでした。これはロバートにとって悔しく、ショックな結末でした。

この「敗戦」を機に、高齢だった彼は限界を悟ったのか、アナンデール卿の称号を息子、つまりブルースの父に譲り、孫のブルースにはそれまで息子が持っていた称号のキャリック伯を与えました。キャリック伯はブルースの母方の称号です。ブルースの母マージョリーはゲールの血をひいており、したがってブルースにもノルマンの血とともにゲールの血が流れていました。ブルースはフランス語とゲール語とラテン語に堪能《たんのう》だったといわれています。

とにかく、もともと敵対的だったベイリオル一族とブルース一族の関係は、この大訴訟のあとさらに険悪になっていきます。そんななか、スコットランド王となったベイリオルがエドワード一世からの度重なる屈辱的な要求に耐えかねてついに反旗を翻すわけですが、このとき、ブルースはイングランド軍が懲罰のためスコットランドに大挙してやってくることを事前に知っていたようです。さらにブルースは、エドワード一世がベイリオルを捕まえて王を退位させるのに、協力したともいわれています。

たぶんこれらは本当でしょう。イングランド軍が来て、ベイリオルを玉座から引きずり降ろしてくれれば、祖父がなれなかったスコットランド王に自分がなれる公算が大ですので。ゆえにエドワード一世側についたのは間違いないでしょう。ちなみにブルースの祖父の競合者ロバートは大訴訟の敗北後、三年ほどで没していました。

十字軍に行った戦友同士

それにしてもなぜ、ブルースはイングランド軍が攻めて来るのがわかっていたのでしょうか。たぶん、イングランド側から知らされていたからです。ロバート・ブルースといえば、スコットランドの独立を取り戻した王として有名なあまり、一貫してイングランドに立ち向かっていたと思われがちですが、実際はだいぶ違います。反イングランドの闘士にはだんだんとなっていったのであり、当初はかなりぶれていました。

そもそもブルース家は、イングランド国王エドワード一世とはそんなに悪くはない関係にありました。ともにフランス語を母語とし、同じノルマン系の人間であるという互いの近さはもちろんあったでしょう。ただ、それだけなら同じフランス語を話すノルマン系のスコットランド貴族は大勢いました。

カギとなったのはブルースの父、六代目アナンデール卿とエドワード一世のつながりです。イングランド王になる前の、すなわち王子時代のエドワードと若かったブルースの父は戦友同士でした。二人とも、あのモンゴル軍もイスラム側と戦ったことで知られる第九回十字軍の遠征の途に就き、中東のアクレに上陸し、戦い、無事帰ってきた仲だったのです。

そんな若き日の同志の子であるブルースに対し、エドワード一世がなにかしら特別な感情をいだいていたとしても不思議はないでしょう。というのも、このイングランド国王のブルースへの態度には、どこか寛容なところがあるからです。もっとも、ブルースにはエドワード一世に対して特別に近しい感情はなかったでしょう。

その証拠に、ブルースはエドワード一世に反旗を翻します。ウィリアム・ウォレスがスコットランド駐留のイングランド軍にゲリラ攻撃を繰り返したことは述べました。同じころ、スコットランドの一部の貴族たちもアーバインを拠点にイングランドに対して反乱を起こそうとしていました。スターリングブリッジの戦いの二月ほど前の、一二九七年七月のことです。この動きを察知したスコットランド総督のサリー伯ワレンは、自分の孫のヘンリー・パーシーに兵を授けて鎮圧に向かわせます。

ブルースはイングランド側からこのパーシーを支援するように命令されます。しかし彼はそれを拒否し、アーバインの抵抗勢力に合流します。結局、アーバインに集まったスコットランド貴族たちはめいめいが勝手なことを言い出し、軍としてのまとまりがつかなくなってしまいます。

とどのつまりは戦いをするはるか以前の段階でイングランド軍に制圧され、俗にいう「アーバインの降伏文書」(The Capitulation of Irvine) にブルースも含めて署名させられます。スコットランド貴族はこれで動けなくなりました。スターリングブリッジの戦いでスコットランド貴族たちがほとんど加勢せず傍観を決めこんでいたのは、こういう理由もあったのです。

旗幟《きし》をくるくる変える

アーバインで降伏し、再びイングランド側に帰順したブルースでしたが、スターリングブリッジでウォレスが輝かしい勝利をあげると、また反イングランドに回ります。たぶん彼の体にも流れるウォレスと同じゲールの血が騒いだのでしょう。ブルースはウォレスを絶賛し、自ら剣を取ってウォレスを騎士に叙任するほどでした。

しかしその一年後、フランスから戻ってきたエドワード一世率いるイングランド軍にウォレスがフォルカークで敗れると、状況が一変します。ウォレスを支援していたブルースは一族の領地のアナンデールとキャリックを没収され、それらは親イングランドのスコットランド貴族に託されました。ただし、これはほんの一時のことで、ブルースと彼の父はすぐに元の領地を取り戻すのです。どうもこのあたりには、ブルース一族に贔屓的なエドワード一世の影がちらつきます。

フォルカークの敗戦以降、ブルースはまたまたイングランドにしたがうことになります。が、愛国勢力に請われ、彼は秘密裏にスコットランドの護国卿に就任していました。前任者のウォレスは護国卿を辞任し、イングランド軍の捜索を逃れるため姿をくらましていましたので、護国卿の地位は空になっていたのです。

ただし、護国卿にはブルースだけでなく、「レッド・カミン」と呼ばれたバデノッホ卿ジョン・カミンも任じられていました。彼は見事な赤毛だったということでこういう綽名があったのです。カミンはブルース家の天敵ベイリオルの義弟であり、順位はともあれ彼にもスコットランドの王位継承権がありました。強情で高慢な性格だったといわれ、当然ブルースとは気が合いません。しかしスコットランドの明日を考えると、カミンと協力して国の勢いをとりもどさなければなりません。

そんな日々のなか、エドワード一世が酷いやり方でウォレスを処刑したことが、ブルースの耳に飛び込んできました。大ショックでした。ブルースはエドワード一世が自分に目をかけていて、スコットランド支配の有効な持ち駒に使おうとしているのを、とうに知っていました。彼としては、あえてその手の内に入ることで、スコットランドの危機を打開しようと考えていたふしがあります。

しかし、いまウォレスの処刑を知って、このイングランド国王にはいい加減な態度はとれない、意思をしっかり固めて全力で当たらないといけないと、はっきりと悟りました。このときよりブルースは、スコットランド独立のための、真の戦士となったのです。

「かもしれない？」

そのブルースがまずもってやろうとしたことは、カミンの協力を得てイングランドに当たろうとしたことです。ベイリオル派の大物でスコットランドに大勢力を持つカミンとその一族にスコットランドのためと、頭を下げるのはいやなブルースでした。しかしとにかく彼と話し合いを何度か持ちます。

そうこうしているうち、ブルースがスコットランドの王になろうとしているとの噂《うわさ》がイングランド側に立ちました。カミンが流したのです。もちろん、二人の間で誰がスコットランドの王になるかという話はしていました。けれども秘密の話をイングランド側に流されてはたまりません。これは裏切りです。ブルースはカミンを問い詰めようとします。

ちょうどエドワード一世の名のもと、ダムフリーズ近郊でスコットランドの重鎮たちを集めた司法会議が開かれることになっていました。そこでブルースは、そこからさほど遠くないダルズウィントンの居城にいるカミンに使者を送りました。会議場への途上にフランシスコ修道会の教会があるので、そこで会おうと伝えたのです。

ブルースは教会で、かつて二人が秘密裏に護国卿になったときの誓約証をカミンに見せ、その不実をなじります。激しい口論となり、カッとなったカミンは剣を抜きます。が、ブルースの咄嗟《とっさ》の剣が一瞬早く、刺されたカミンはその場に倒れました。ブルースは慌てて教会を出て、馬に乗りざま、外で待っていた家来のカークパトリックに青くなって言います。

I doubt that I have slain Red Comyn.
——もしかしたら、カミンを殺してしまったかもしれない。
Do you doubt? Then I'll make sure.
——かもしれない? それなら確実にしてきます。
(Scott, R.M., *Robert The Bruce: King of Scots* 筆者訳)

こう応じるや教会のなかに入った忠臣カークパトリックは、カミンにとどめを刺してきたのでした。一三〇六年二月一〇日のことです。

破門される前に王になれ!

しかし、これは大変なことでした。カミンを殺した場所が教会だったからです。間違いなくブルースは破門になります。ゆえに彼は決心しました。よし、こうなった以上、急ぎ王になろうと。なぜなら破門されてしまってからでは、スクーン修道院で聖職者に戴冠式を執りおこなってもらえないからです。

不幸中の幸いだったのは、スコットランドがローマから遠かったことです。ブルースの教会の一件をローマ教皇庁が知り、教皇の破門通達が届くのに六週間程度かかるのが見越せました。したがってそれまではブルースは破門の身ではないので、急遽戴冠しようとしたのです。そして、それはうまくいきました。スコットランドの教会人にブルースを支持する者が多くいたのも味方しました。

かくしてロバート・ブルースは一三〇六年三月二五日、スクーン修道院で戴冠し、ここにスコットランド王ロバート一世は即位したのです。ベイリオルがエドワード一世に退位させられてから、一〇年ぶりにスコットランドに王が戻ってきました。しかし、この待望の王は、運命の石に座して戴冠することはできなかったのです。それはすでに遠くロンドンに持ち去られ、特別に作られた戴冠の椅子に収められ、ウェストミンスター・アベイに置かれていたのでした。新王ブルースの双肩にはスコットランドの独立と、この運命の石の奪還がかかっていました。なお、ブルースが教皇クレメンス五世によって破門されたのは五月でした。

映画『ブレイブハート』（1995年5月公開）でロバート・ブルースを演じたスコットランド出身の俳優アンガス・マクファーデン （写真：Everett Collection/アフロ）

蜘蛛《くも》に励まされる

王になったものの、ブルースの前途は多難でした。まず、彼の即位はイングランドへの明らかな反逆行為でした。スコットランドはイングランドが征服した地域であり、その地の王はイングランド王にほかならず、王が二人いるはずはない、いや、いてはいけない——イングランドから見れば当然こうなります。即位したことでブルースは、それまで彼に少なからず寛容な部分があったエドワード一世を、完全に恐ろしい敵に回しました。

さらにブルースは、カミン殺害によりベイリオル一族に加え、カミン一族を敵にしました。カミン陣営はスコットランドの多くのノルマン系貴族が加わった大勢力でした。戦う場所、逃げる場所、拠《よ》るべき所……こういうことは同じスコットランド人ならよくわかります。カミン陣営は、ブルースにとっては厄介な敵だったのであり、この、彼が王になってからすぐに始まったスコットランド駐留イングランド軍と、カミン陣営の双方を相手にしなければならなかったあたりが、ブルースの生涯で一番苦しかった時期でした。それは戦いというよりは、ほとんど逃避といってもいい忍耐の日々だったのです。

この間、ブルースは多くの身内を殺されたり捕えられたりしました。あるときブルースの家族をともなった敗残部隊は北へ逃れる途中でイングランド軍に追いつかれ、ブルースはうまく山中に隠れますが、家族を託されたブルースの弟ナイジェルは捕まり、ウォレスのときと同じやり方で無残に処刑されました。ブルースの妻エリザベス、娘のマージョリー、妹のイザベルとメアリも捕えられ、厳しい処罰がくだされます。とくにイザベルとメアリはそれぞれ鉄製の檻《おり》に入れられ城壁から吊るされました。それでも彼女らは全員が奇跡的に生き残り、後にブルースと再会する日がやってきます。

ブルースは逃避のため、アイルランドともノルウェーとも、とにかく海を渡ったといわれていますが、おそらくこれらは真実ではないでしょう。彼は押されつつ、少ない自分の兵とともにゲリラ的に、カウンターアタック的に必死で戦い、再び盛り返す日を期していたのです。このころのブルースについて、次のような逸話が残っています。

疲れ果てたブルースが洞窟に潜んでいたときのことです。天井から一本の糸を出し蜘蛛が下りてきました。蜘蛛は巣を作り始めますが、糸張りは遅々として進みません。けれども黙々と、長い時間をかけながら蜘蛛は根気よく糸張りを続け、ついに美しい形の巣を完成させました。この一部始終を見ていたブルースは、苦しくとも絶対に諦めてはいけないのだと悟ったということです。

ハイランド島嶼《とうしょ》軍との絆《きずな》

蜘蛛にインスパイアされたせいかどうかはわかりませんが、ブルースはハイランド西部のガーモランに行き、その地の女領主クリスティーナ・マクルーリーに会って、戦いの支援を求めます。クリスティーナはブルースの縁戚にあたり、[*1]父親のアラン・マクルーリーが死んでからは、アリセグ、モイダート、島嶼部などガーモラン地区の領主権を相続していました。

ブルースの要請に、クリスティーナは支援を固く約束します。ハイランド西部地域における彼女の影響力は大きく、島嶼部を含めた多くの有力者たちも兵の派遣を誓います。ハイランドの言葉を話せるブルースのゲールの血が、彼らとの絆を固めるのに大いに役立ちました。ブルースはかくしてこの地で新たな力と兵を得、再びローランドにうって出るのです。

とはいえ、それは駐留イングランド軍やカミン陣営を一気に撃破できる大軍を率いた正面作戦ではありません。いくら応援を得たといっても、そんな大勢の兵を集めるのは無理です。小部隊による奇襲戦、待ち伏せ戦といったゲリラ戦法を継続的に展開し、イングランド軍を悩ませると同時にカミン派のスコットランド貴族を切り崩し自軍に取り込み、だんだん味方を膨らませていく。これがブルースの基本的な戦術でした。

そんななか、一三〇七年四月にはグレン・トロールで、五月にはラウドン・ヒルで、ブルースは駐留イングランド軍を徹底的に叩くことに成功します。王になってから、初めてのイングランド軍に対する勝利でした。それは同時に、反ブルース派のスコットランド貴族を動揺させるものでもあったのです。ブルース陣営へと走る流れが、いよいよ加速してきました。

エドワード一世没す

ブルースが駐留イングランド軍を破り、スコットランドの反乱勢力が見過ごせない状況になってきたことをロンドンで知ったエドワード一世は、即座に大軍を編成し、スコットランド遠征に向かいました。しかしこのとき、さしものエドワード一世もすでに老齢で、また病をかかえていました。それでも豪胆な彼はかまわず進軍を続け、北西イングランドのカーライルまで来たとき、とうとう動けなくなりました。そして一三〇七年七月七日、カーライルから数マイルほどのバーフ・バイ・サンズで、このイングランド史上最強の国王といわれたエドワード一世は没しました。六八歳でした。

本書のプロローグでも述べたように、王は亡くなる直前、同行してきた息子エドワード（後のイングランド国王エドワード二世）を傍らに呼び遺言します。自分の心臓は取り出して聖地エルサレムに運ぶように。残った体は大釜で茹でて肉と骨をわけよ。肉は埋葬するように。骨は皮袋に詰め、わが軍の先頭に掲げて進め。そうすればスコットランド人はおそれをなし、わが軍は行くところ必ず勝つ、と。

実際にこんなことを言ったかどうかはわかりませんが、エドワード一世の恐ろしいまでの気迫が伝わる最期のエピソードではあります。息子のエドワードは、しかし、父王が死ぬとさっさと軍を返してロンドンに戻ってしまったのはご存じの通りです。

第二章でスコットランドの最初のツキのことを話した際、二番目のツキは後に語るといいました。エドワード一世が死に、息子のエドワード二世がイングランド国王になったという事実、これが、すなわちスコットランドにとっての二つ目のツキでした。この、エドワード一世という戦術の天才があと一〇年、いや五年長生きしていたら、いや、そこまで生きなくとも後を継いで王になったエドワード二世が、父と似たような資質を多少とも受け継いでいたら、ブルースは精一杯の力をさらに絞り出して反抗を続けられていたかどうか。もしかしたらノルマン伝統の重装騎兵と破壊力抜群のウェールズ人長弓兵を擁した中世最強のイングランド軍に木っ端《こ ぱ》みじんに粉砕され、ブルースは死ぬか、死なないまでも完全に再起不能にされ、その結果スコットランドは独立を取り戻せないまま、イングランドに編入される歴史になっていたかもしれないのです。

ですから、ブルースが、さあこれからという時期にエドワード一世が亡くなり、前王とは恐ろしいまでに真逆の、戦いが嫌いな、よく言えば平和主義者、悪く言えば臆病者で政治的には無能の新王が登場するとは、ブルース、またスコットランドは、なんとついていたのでしょう。イングランド史のどの時代を探しても、こんなにも能力に天と地ほどの差がある王の交代劇はありません。

膨らむブルース軍

エドワード二世の即位で、イングランド軍来襲の心配は当面なくなりました。また凄《すご》みのあったエドワード一世がいなくなったことは、スコットランド貴族たちのイングランドへの従属という呪縛を解き、カミン派も含めブルース側に走る者をますます加速させていきました。スコットランドの独立を目指すブルースの勢力は、ぐんぐん大きくなっていき、優秀な彼の副官たちも増え、指揮系統も整ってきました。

一城、また一城、ブルースは、スコットランド駐留イングランド軍が拠点としているローランドの城や町を奪還していきます。その結果、一三一四年までには、ただ一つの城を残し、ブルースはイングランド軍の手中にあったすべての城を解放しました。スコットランド王に即位してから八年後のことです。

その最後まで駐留イングランド軍の拠点に残ったのが、スターリング城でした。かつてこの城の北側のスターリングブリッジでは、ウィリアム・ウォレスがイングランド軍に大勝していますす。スターリングはローランドとハイランドをつなぐ戦略上の要衝であり、ここを確保することはスコットランドの安定支配にとって大変重要でした。

当然、ブルースはスターリング城を攻略すべく、彼のもう一人の弟エドワードにその任を託します。ただこのエドワード、勇猛なのはいいのですが結構短気で無茶をする弟なので、それなりにブルースは心配していたところ、弟は面白い言質を敵の司令官から取ってきました。

──もしも夏至までにわが軍が来援しなかったら、この城を明け渡そう。──

さあ、これで期日までにイングランド軍が救援に来なかったら、スターリング城の守備兵は勝手に降伏してしまい、最強イングランド軍の権威と国王の面子《メンツ》は地に落ちます。いかな「戦争大嫌い」のエドワード二世も、これでスコットランドへ向かわざるを得なくなりました。

一方ブルースとしても、いつまでもゲリラ戦は続けられません。どこかでイングランド正規軍とまっこう勝負をして、これを徹底的に叩き潰さないことには独立の奪還はおぼつかないのです。かくしてブルースとエドワード二世が激突する、世にいうバノックバーンの戦いが始まります。

バノックバーン

イングランド各地からスコットランドの国境の町ベリックにはるばるやってきたエドワード二世の大軍は、一三一四年六月一七日、ほとんど休む間もなくスターリングに向けて進軍を始めました。その総勢は一万八〇〇〇人、うち重装騎兵二〇〇〇人、弓兵を含む歩兵一万六〇〇〇人といった構成です。そのなかには反ブルース派のスコットランド貴族もいました。あのレッド・カミンの息子で、父と同じ名前のジョン・カミンです。この息子はロンドン育ちでしたので、実質的にはほとんどイングランド人でした。

対してブルースのスコットランド軍は六〇〇〇—八〇〇〇人程度で、うち騎士ロバート・キースの率いる軽騎兵が五〇〇人ほどいたようです。しかし寡兵ではあったものの、ブルースには利がありました。戦いには、どこで戦うかを敵に決められてはいけないという鉄則があります。自軍に有利な場所に陣を作りそこに敵を誘い込み、叩く。それが勝利を呼ぶカギとなるのです。

スターリング城に至るには、北に向かう一本のローマ道しかなく、イングランド軍はここを必ず通ります。そのイングランド軍は援軍にやってくるのですから、そのまま城に入らせては後の戦いが厄介になります。城に入る前に、ブルースとしては敵を叩かねばなりません。そうすると、戦う場所は城の南側になります。ウォレスが戦ったスターリングブリッジの戦いは戦場がフォース川を渡った北側でしたが、今度の戦いは反対方向の、バノックバーン村がある南側になるわけです。

そのすぐ南には村と同じ名前のバノックバーン川が流れており、この川は東に行ったところでフォース川に合流しています。これら二つの川にはさまれた地域には重装騎兵の突進を阻む湿地が点在し、またブルースにとっては自軍を敵にわからないように潜ませたり、分が悪くなってきたときは逃げ込める森もあります。

敵がローマ道を通ってこの両川の間に広がるバノックバーンの地にやってくるのがわかっているゆえに、ブルースにはここを決戦の場に選べる大きなアドバンテージがありました。彼は敵よりひと月早くこの地に到着して自軍を有効に配置する場所を決めたり、敵の騎兵を防ぐ柵を作ったり、落とし穴を掘ったりする準備ができたのです。

一日目の戦い始まる

イングランド軍は六月二二日にフォルカークを抜け、ローマ道を通って翌二三日未明にはバノックバーン川の南に到着し、トゥールの森の東端に陣を置きました。ベリックから九五マイル（約一五二キロメートル）の距離を重い装備を携え、七日でやってきたのですから、兵たちは相当疲れていました。が、休む間もなく本陣で各隊の指揮官クラスが集まり作戦会議が開かれました。

ここは場が良くないからほかに陣を移そうという者、いやここが最適とする者、誰にこの戦いの総指揮を任すかといった最も大切なことなどなど、各人の主張が錯綜し一向にまとまらず、

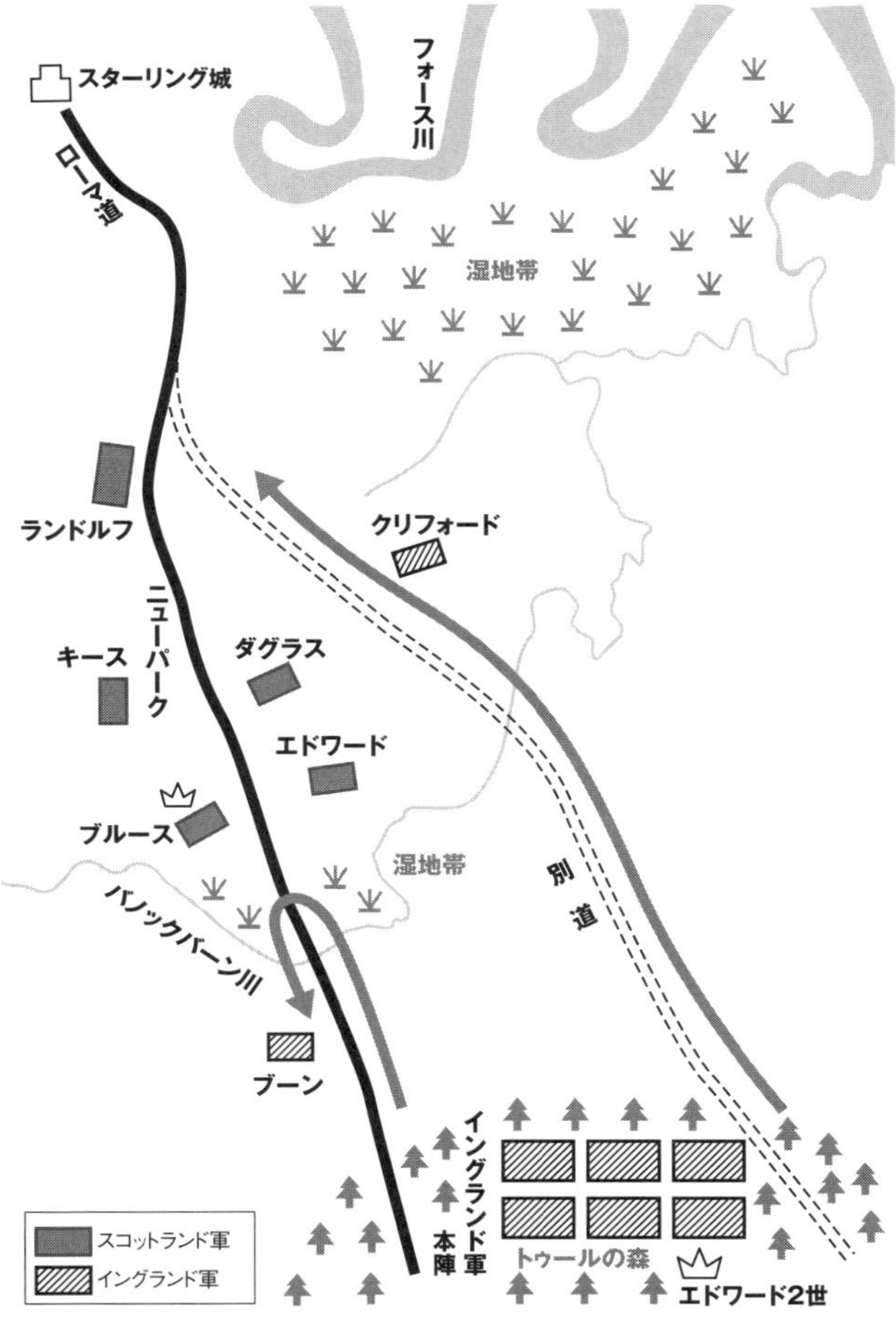

バノックバーンの戦い1日目
（*Robert The Bruce: King of Scots* の図をもとに作成）

時間だけが経っていきました。これもエドワード一世という絶対的な求心力を持ったカリスマ国王がもういないからで、息子のエドワード二世はなんら建設的なことは言えません。

そんななか、功名心からバノックバーン川の橋を渡って、イングランド軍のはるか前方に抜け駆けした者がいました。騎士ヘンリー・ド・ブーンが率いる一隊です。ブルース軍はこのとき、背後を森にしたニューパークという地点で自軍を四つの隊にわけ、一隊を自身が、ほかの三隊を弟のエドワード、モレー伯のトーマス・ランドルフ、ジェイムズ・ダグラスといった副官に指揮させていました。

そのうち最も敵側に近い位置にいたのがブルースの隊で、イングランド軍本体から抜け出てどんどん進んできたブーンは、ブルース本人を隊のなかに見つけると、一騎打ちを挑んできました。このときブルースは鎧を身につけていませんでしたが、ブーンの槍の一撃を巧みにかわすと、斧を頭上に振り落とし、兜《かぶと》もろともブーンの頭をまっ二つにしたということです。これで一気に気炎を上げたブルース隊はブーンの隊を蹴散らし、退散させました。

最低最悪の決定

ちょうど同じころ、ローマ道の東にもう一本、湿地のなかを北に通じる道があるという情報を地元民から得たイングランド軍の男爵ロバート・クリフォード率いる重装騎兵の一隊は、スコットランド軍の側面を衝《つ》くためその道を進んでいました。しかし、こういう動きがあることをブルース側が事前に読んでいて、そこに長い槍を揃えたシルトロン隊を配置させていました。

棒の先端を削って鋭く尖《とが》らせた長い槍を、突進してくる馬目がけて突き刺す対騎兵用のシルトロン隊の攻撃はきわめて有効です。騎兵は自分の剣が相手に届かない位置で馬がやられ、どうっと落馬します。重い鎧を身に着けた騎士である重装騎兵は落ちたら最後、立ち上がることもままならず、すぐに囲まれて始末されるか身代金の取れる捕虜にされます。

また騎兵の後に続いた長弓兵も前からどんどん逃げてくる自軍に押されて浮足立ち、そこを追ってきたスコットランド兵に攻められ見る影もありません。かくてこの方面でもイングランド軍は捕虜や死傷者を多数出し退却しました。ただ全体的に見れば敗れたのはイングランド軍の一部であって、本隊は健在でした。こうして第一日目の戦いは終わり、決戦は翌日に持ち越されたのです。

それでも押されたのは事実でしたから、イングランド軍は作戦を練り直す必要がありました。その結果、エドワード二世は決断します。ローマ道ではない、今日戦ったあのもう一つの北に向かう道沿いに、つまり本陣をいまの場所から東に移し、そこからバノックバーン川を渡って力押しで敵を蹴散らしながらスターリング城に向かおうと。

最低最悪の決定でした。そのあたりは湿地があちこちにあるところです。スターリングブリッジの戦いでイングランド軍がウォレスに大敗したのは、湿地におびきだされたからでした。その同じ轍《てつ》を踏むことになります。

この日、二方面で敗れたとはいえ、現在のイングランド軍の背後にはいざとなれば後退もできるトゥールの森が控えています。また本陣のあたりは足場も悪くありません。下手に攻め込まずここでかまえていれば、騎兵も長弓兵もいるイングランド軍は簡単には崩れません。冷静に戦いを運べば、人数の多いほうが有利になるのは自明の理です。城の東の湿地帯に移るくらいならここに留まっているほうがはるかにいいのです。

翌朝、靄《もや》のなかから陣を移したイングランド軍を望んだブルースは一瞬驚き、しかしすぐにほくそ笑んだでしょう。「これで勝った!」と。

二日目に逃げたエドワード二世

両軍は前進を始め、互いが近づきました。そのとき、スコットランド軍はいったん進軍を止め、全員が跪き、従軍司祭を前に神に祈りました。かくして二日目の戦いは始まりました。ス

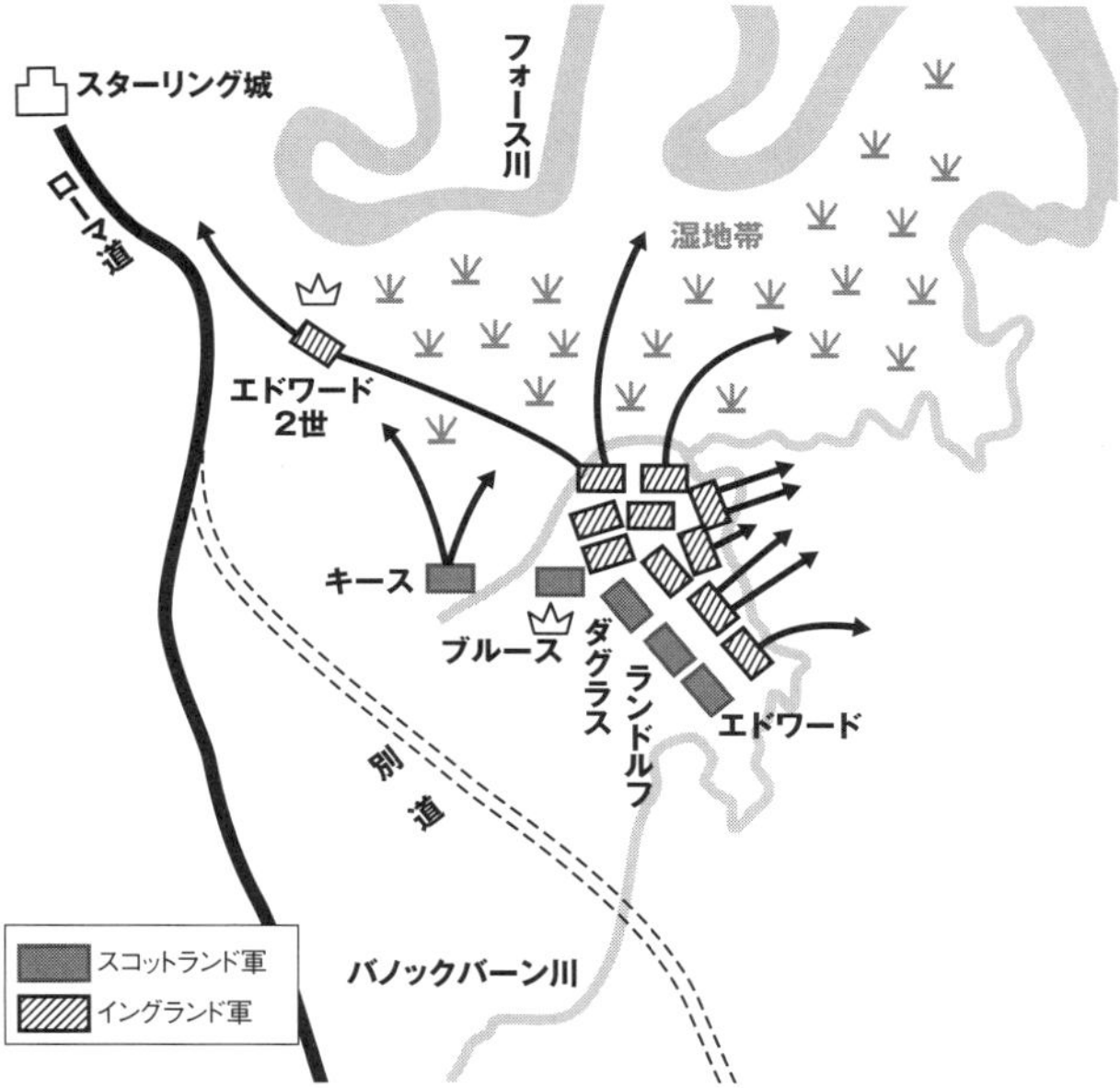

バノックバーンの戦い2日目
（*Robert The Bruce: King of Scots* の図をもとに作成）

コットランド軍のシルトロン部隊の長槍は変わらず強力で、騎兵の馬を次々と倒します。もとより狭い道を通って、倒れた前線の騎兵を補充するのは容易ではありません。道は戦死者や負傷兵でふさがれ始め、進むには必然的に道を外れることになり、湿地が戦場になります。

イングランド軍の長弓兵は、自軍の騎兵や歩兵が前方の混戦のなかで戦っているので、矢を射ることがうまくできません。そうこうしているうちに前線を突破してきたスコットランド兵に斬り込まれて、長弓兵はバタバタ倒れます。

大混戦のなか、副官のグロースター伯はエドワード二世に、ここはいったん退いて軍の立て直しをはかるべきと進言します。が、臆病者と王に罵られ、グロースター伯は「おまえがそれを言うか」とばかり内心激怒し、プライドも傷つけられやけになりました。彼は一団の騎兵とともにシルトロン部隊に猛然と突っ込み、さんざん暴れまわったあと、全員壮絶な死を遂げたのです。このなかにはレッド・カミンの息子もいました。

イングランド軍の統制はいまや崩れ始め、兵の士気は失われつつありました。対してスコットランド軍には、この二日目に間に合った、北から駆けつけた島嶼兵も加わった数千のゲール兵が大奮戦していました。軍への荷運び人も、使用人も、聖職者も、多くの兵士ではない者たちも加わって戦っていました。ブルース軍は大きくなっていたのです。

そしてついにそのときが来ます。エドワード二世は恐怖から戦場を離脱し、少数の側近に守られてスターリング城目がけて逃走しました。しかし、彼は守備兵に入城を拒否され、這《ほ》う這《ほ》うの体で落ち延びて行きました。

スコットランド王国の誕生

戦いは終わりました。イングランド軍総勢一万八〇〇〇人のうち、七〇〇〇名の騎兵と一万一〇〇〇―一万二〇〇〇名の歩兵が戦死したと推計されています。対してスコットランド軍の戦死者は数百人程度だったようです。スコットランド軍の圧勝でした。

それはローランドとハイランドの人々よりなる、正確にいえばゲール系、ヴァイキング系、ノルマン系、アングロサクソン系といった多様なルーツを持つ人々よりなるスコットランドの軍が、ロバート・ブルースの指揮のもと、イングランドの桎梏《しっこく》からの解放を目指し、一体一丸となって獲得した完全勝利でした。

一二九六年にジョン・ベイリオルがエドワード一世によって王位を剝奪されてから一八年。ついにスコットランドはこのバノックバーンの戦いで事実上、独立を奪還し、王国として復活しました。それはもはや、かつてのアルバ王国の残渣《ざんさ》ではありませんでした。それはこの地域に住む多様な人々が、自分たちは同じスコットランド人であるという共通のアイデンティティでつながった新たな王国の、歴史にいうスコットランド王国の誕生でした。私たちがいだいている今日的な認識でのスコットランドは、ですからここから始まったのです。

アーブロース宣言

けれども、スコットランドの独立を国際的に認めさせるのには、それから六年ほど要しました。ブルースが教会でレッド・カミンを殺し、それが原因で教皇から破門されたことは既述しました。このことをエドワード二世は蒸し返し、ときの教皇ヨハネス二二世に改めてブルースへ破門を宣言してもらうよう要請しました。バノックバーンで負けた悔しさからこんな報復に出たのです。

これに対し、スコットランドの貴族たち有力者は東部のアーブロースに集まり、教皇への書簡を作成します。この当時は文書に署名する習慣はまだありませんでしたが、一三二〇年四月六日、集まった者は全員、蠟《ろう》に押した各自の印章を書簡に貼付し教皇庁に送りました。世にいう「アーブロース宣言」(The Declaration of Arbroath)です。形としては、ブルースの破門の撤回を教皇に求めるものでした。が、内容自体はスコットランドがもとから独立していた由緒正しき国であったことがしっかり記された、スコットランドの独立宣言というべきものでした。その文章は格調高く、とりわけ次の一節は有名です。

――われらが戦い続け、たとえ一〇〇人だけになろうとも、われらは決してイングランドの支配に甘んずることはない。栄光のためでもなく、富のためでもなく、栄誉のためでもなく、ただただ自由のためにわれらは戦い続けるのだ。高潔なわれらは命を賭さずして自由を失うのを決して望まない。[*2]――

「アーブロース宣言」の書簡。作成に集った貴族たちの蠟に押された印章が宣言書に貼付されている

自由を至上のものとしたアーブロース宣言ははるか後の時代、アメリカ独立宣言を起草する際、参考にされたといわれています。しかしながら、ブルースが破門を解かれ、中世キリスト教社会の頂点に立つ教皇によってスコットランドの独立の正当性が完全に承認されるのはもう少し先のことです。

返還されなかった運命の石

イングランドとの交渉が残っていました。スコットランドはエドワード一世によって大切なものをいっぱい奪われました。運命の石もそうです。それらを取り返さなければなりません。その、当の交渉相手のイングランド国王エドワード二世は、自らの暗愚さと妃のイザベラとその愛人マーチ伯ロジャー・ド・モーティマーの陰謀によって廃位され、監禁され、そして秘密裏にむごいやり方で殺されていました。したがってこのときイングランドの王位についていたのはまだ歳の若い前王の息子エドワード（三世）でした。

ブルースは、このイングランドのごたごたを衝いて北部イングランドに侵入し、暴れまわります。迎撃に出てきたエドワード三世さえも、あとほんの一歩で捕える勢いでした。イングランドは折から財政難に陥っていたこともあり、スコットランドと早急に和議を結ぶ必要に迫られました。

その結果、一三二八年五月にエディンバラ・ノーサンプトン条約が結ばれます。これにより、ついにイングランドは、ロバート・ブルースがスコットランド国王であり、スコットランドが独立した国であることを正式に認めたのです。

また、ブルースの息子デイヴィッドとエドワード三世の妹ジョアンの結婚が同意されました。さらに持ち去られたスコットランドの大切な品々などが返還されることも決まりました。しかし、運命の石はそのなかに含まれてはいませんでした。

ゆえにスコットランド側は引き続き運命の石の返還を求めます。そして二カ月後の七月、ベリックでイングランドの皇太后となっていたイザベラも出席し、デイヴィッドとジョアンの結婚式が挙行されました。その席でイザベラは運命の石の返還を約束します。

また一〇月には、教皇はブルースへの破門を正式に解き、スコットランド王が独立した国の王であることを明確に承認したのです。

けれどもイザベラの約束はいつまで経っても実行されず、スコットランドの魂である運命の石は、スコットランドが独立を達成したあとも、結局帰ってきませんでした。運命の石はウェストミンスター・アベイの戴冠の椅子に収められたまま、この後もイングランド国王の戴冠式にずっと使われ続けるのです。

註

＊1　クリスティーナの亡夫がブルースの最初の妻イザベラの兄にあたります。

＊2　「アーブロース宣言」の原文はラテン語ですが、同宣言を所蔵しているスコットランド国立公文書館における英文訳のこの部分は次の通りです。

— for, as long as a hundred of us remain alive, never will we on any conditions be subjected to the lordship of the English. It is in truth not for glory, nor riches, nor honours that we are fighting, but for freedom alone, which no honest man gives up but with life itself.

第四章　予言の成就、そして現代へ

一、果たされた運命の石の予言

赤ん坊の国王

その男の子は、ほんの一歳と一カ月でスコットランドの王になりました。

――えっ、赤ん坊が王に？　いったいどんな理由で？――

それは、スコットランドの君主であるその子の母親がいろいろ国を騒がせたので王を退位させられ、あまつさえイングランドへ逃げて行ってしまったからです。その子の父親も、その子が即位する五カ月前に死んで、いや殺されていました。

スコットランドは王国です。王がいないとどうしようもありません。よって、こういうわけで赤ん坊王は即位せざるを得なかったのです。幸い、マリ伯という良い摂政がついていましたので無事に成人し、一廉《ひとかど》の王になることができました。

しかし、これはスコットランドのいつごろのことでしょう。これから、それを話していきます。おっと、赤ん坊の名前をいうのを忘れていました。ジェイムズです。そしてお騒がせの母親はメアリ。スコットランド史に、いえいえ、英国史にあまりにも有名な女王です。では、時代説明から、母親、赤ん坊の順に始めます。

激動の宗教改革期

ジェイムズ（六世）が生まれたのは一五六六年六月一九日です。前章の主役ロバート・ブルース（ロバート一世）が一三二九年六月に没してから二三七年後であり、スコットランドはスチュアート家の王たちが統治する時代でした。このスチュアート家の初代はブルースの孫のロバート（二世）です。彼は上級宮宰（High Steward）の地位にあったので、王家にこの名がつきました。

スチュアート家は初代ロバート二世（在位：一三七一―九〇）からロバート三世（在位：一三九〇―一四〇六）、ジェイムズ一世（在位：一四〇六―三七）、ジェイムズ二世（在位：一四三七―六〇）、ジェイムズ三世（在位：一四六〇―八八）、ジェイムズ四世（在位：一四八八―一五一三）、ジェイムズ五世（在位：一五一三―四二）といった順に王位が継承されてきました。

そしてジェイムズ（六世）の母親、メアリ・スチュアート（在位：一五四二―六七）が生まれるわけですが、そのころ、スコットランドは宗教改革の大きなうねりのなかにありました。隣国イングランドやドイツをはじめ、当時の多くのヨーロッパの地域や国々がそうであったように、旧来のカソリックとカルヴァン主義など新教（プロテスタント）が激しく衝突していたのです。その背景には、無学無能な高級聖職者の横暴や不正、尼僧たちも含む性的モラルの欠如と、その結果としての私生児の増大といった、カソリック勢力の堕落しきった現状がありました。

スコットランド王家はカソリックの信者でしたが、ローランドの貴族たちはこの地域の者の特性としてイングランド情勢に敏感でしたから、プロテスタントを支持する者が少なからずいました。とはいえ、国内のカソリック勢力は頑迷であり、パトリック・ハミルトンやジョージ・ウィシャートといった初期のプロテスタント活動家は、焚刑《ふんけい》に処せられていました。

ただ、ジョン・ノックスは違いました。このノックス、炎のごとき情熱に燃えた宗教改革者であるとか、いやスコットランドをたった一人で新教国家へとひっくり返した稀代《きだい》の扇情家《アジテーター》であるとか、その歴史的評価はさまざまです。しかし、彼が強靭《きょうじん》な肉体を備えていたことは確かです。

ノックスは前述のウィシャートを火あぶりにしたセント・アンドリューズの大司教ビートンを、プロテスタント側が報復として殺害した件に加担し、その罪でフランス海軍のガレー船に二年の刑で送られました。ふつう、二年も奴隷状態でガレー船を漕《こ》がされれば死んであたり前です。つまりこれは実質的な死刑でした。が、なんとノックスは耐え、生き残り、前にも増した宗教改革の情熱をかかえてスコットランドに戻ってくるのです。

メアリ、フランスへ

メアリはこうした激動のスコットランドに、一五四二年一二月八日、ジェイムズ五世の娘として生まれました。そしてなんと、メアリは冒頭で語った息子のジェイムズよりもはるかに早い生後六日でスコットランドの君主に、すなわち女王になってしまうのです。病床にあった父王ジェイムズ五世が、メアリ誕生の六日後に亡くなったからです。まだ三〇歳という若さでした。王には二人の息子がいました。けれども両人ともすでに死んでいましたので、生まれたてのメアリが必然的に王位を継いだのです。

そんなメアリを、母親であるギーズのメアリが摂政となって育て、支えていました。母親はフランスの名門貴族ギーズ公クロードの長女で、スコットランド王ジェイムズ五世に嫁いでいました。両者は互いに最初の連れ合いに先立たれていましたので再婚同士でした。このころのスコットランドは、フランスのプレゼンスが顕著でした。

スコットランドとフランスの、本書の第三章でも語った「古き同盟」のもと、ギーズのメアリにともなってやってきた多数のフランス人顧問団が、スコットランド王宮を実質的に操っている状態でした。ノックスがフランス海軍のガレー船漕ぎに送られたのも、フランスがスコットランド内政を仕切っていた象徴です。

他方、教皇と断絶し、カソリックから新教（国教会）へとすでに舵を切っていたイングランドの国王ヘンリー八世は、自分の息子のエドワードとメアリの結婚を画策し、スコットランド側に打診してきました。二人が結婚することで、スコットランド王国を事実上乗っ取ろうとの魂胆です。相も変らぬイングランドの野望です。

その結果、新教嫌い、イングランド大嫌いの敬虔なカソリック信者である母親ギーズのメアリは決断します。スコットランドにいてはろくなことがない、娘のメアリをカソリックの本拠地ともいえる母国フランスに連れていき、そこで育て、ゆくゆくはフランス皇太子の妃にしようと。かくしてメアリは一五四八年七月末、五歳でスコットランドを離れたのです。

フランス王妃に

フランス王アンリ二世に喜んで迎えられたメアリは、母の方針のもと、万事フランス風に、洗練され教養溢《あふ》れたレディーとして育てられました。そして一五五八年四月、一五歳で予定通り皇太子フランソワと結婚するのです。いろいろ記されているところによれば、メアリはとても美しく、怖いもの知らずの快活な女性だったようです。

翌一五五九年七月、アンリ二世が騎士の晴れの舞台ともいうべき馬上槍試合《トーナメント》に出場し、その際のケガが原因で死亡するというアクシデントが発生しました。そこで、急遽息子のフランソワがフランス国王フランソワ二世として即位します。メアリはついに念願のフランスの王妃となりました。早くも彼女の絶頂期です。

この間、イングランドではヘンリー八世が一五四七年に没し、その後を彼の子供たちが相次いで王位を継承しました。まず、病弱の息子エドワード六世が王位を六年間継いだあと亡くなります。ついでカソリックを復活し、プロテスタントを弾圧して多数殺害したことで、いまもカクテルに「ブラッディマリー」の名を残すメアリ（一世）が五年の在位で没します。その後、ちょうどフランスでメアリとフランソワが結婚した年に、エリザベス（一世）が女王の座につきました。

このエリザベスに対し、天衣無縫のメアリとフランス王宮はある「いちゃもん」をつけます。どんないちゃもんなのかは後ほど話しますが、これにエリザベスは激怒するとともに、大変狼《ろう》狽《ばい》しました。たぶんこのことも原因の一つにあるのでしょう、スコットランドでプロテスタントが蜂起するとこれを支援するため、新教国のイングランドは艦隊を派遣します。カソリックのフランスもプロテスタントを鎮圧するために艦隊を送りますがイングランドに敗れ、その結果、一五六〇年七月にエディンバラ条約が結ばれました。ここにはフランスが今後スコットランドに介入しないことが明記され、これによりフランスとスコットランドの「古き同盟」はとりあえず、終わることになりました。

新教国になっていた母国

母国の、そんな情勢にはまったく無頓着だったメアリは、間もなく彼女の重大転機を迎えます。一五六〇年一二月、夫のフランス国王フランソワ二世が病で亡くなってしまったのです。二人の間に子供はできませんでしたので、メアリはただの皇太后となってしまいました。また、彼女の後ろ盾だった母親ギーズのメアリも六月に他界しており、こうなるといくら快活で美貌のメアリも、フランスにとってはただのスコットランド人です。エディンバラ条約も結んだことですし、スコットランドの女王がいてもイングランドを刺激するだけです。

かくしてフランス王宮にいづらくなったメアリは、一五六一年、一八歳でスコットランドに帰ってきました。が、その母国は、いまや指導者ジョン・ノックスと、彼についたローランドの多くの貴族たちの支持によってカソリック国から新教国へ変貌していました。かくして若く、美しき、プライドの高い、カソリックの女王が新教国となっていた母国を統治しようとした悲劇は始まります。

戻ってきた女王メアリが、エディンバラのホリールード宮殿の礼拝堂でまずやろうと主張したのが、カソリック恒例の日曜日のミサでした。これにノックスはかんかんになって怒ります。ノックスの主導で、スコットランド議会はカソリックの主行事であるミサを開いたり参加したりすることは厳禁とし、これを破った者に対して禁固刑や財産没収、それでもいうことを聞かない者には死刑も辞さないと決めていたのです。

ノックスは、「ミサを一回行うことに比べれば、一万人の外国の軍隊に攻められるほうがはるかにまし」とつねづね公言していたと伝わる人物で、これに不満をいだいたメアリはノックスを宮殿に呼びつけ、厳しくとがめます。しかしノックスは名うての論客、まったくひるまずメアリにカソリックがいかに酷いかを主張し続けるのです。

二人の論争は幾度にもおよび、その有様に周囲の貴族たちや国民は固唾《かたず》を呑み、いえ、結構楽しみながら傍観していました。非妥協の頑迷な宗教指導者に挑む、若く美しい女王の勝ち気な姿は、大向こうにとってはかなり魅力的だったのです。とりわけ男性貴族たちにとっては。

夫ダーンリーの変死

実際、メアリに下心をもって言い寄ってくる者は多く、人によってはノックスがメアリに何度も会い、厳しく説教したのは彼なりのやり方での、彼女への秘めた思いの発露だったというほどです。まあ、好きな女の子をつい苛《いじ》めて泣かす男の子と同じで、これは案外あたっているかもしれません。

なによりも彼女自身が恋多き女性でした。メアリが母国に戻って最初に結婚した相手は、ダーンリー卿ヘンリー・スチュアートでした。彼は見た目がとてもいい美男子であり、この夫の子（後のジェイムズ六世）をメアリは身籠もります。しかし、外見はいいものの、ダーンリーは機転の利かない虚栄心しかない軟弱男で、メアリの彼への愛情はすぐに冷めてしまいます。

その次にメアリが夢中になったのは、彼女がダーンリーと結婚する前から雇っていた音楽家で秘書のイタリア人デイヴィッド・リッツィオです。かなりの仲だったようですが、このリッツィオ、あまりにも目立ったのでしょう。夫のダーンリーはもちろん、メアリに好意を寄せる取り巻き貴族たちにホリールード宮殿で囲まれ、なんとメアリの目の前で刺殺されてしまうのです。

それでもメアリの恋心は衰えを知りません。今度の愛人はボズウェル伯ジェイムズ・ヘプバーンで、彼女の取り巻きの貴族連のなかにいました。ボズウェルはいかにも男といった、体格のいい豪快なタイプで、彼には結婚したばかりの妻がいましたが、かまわず二人はすぐお互いに夢中になりました。

そんな不倫劇の最中の一五六六年六月、メアリはジェイムズを出産し、世継ぎの誕生にスコットランドは湧きました。でもその子の父である夫ダーンリーへの愛は、メアリはとうに冷えきっていました。そして、翌一五六七年二月、世にも奇妙な事件が起こります。ある夜、いまは別々に暮らしているエディンバラの夫の館が爆破され、ダーンリーの裸同然の死体が近くに転がっていました。爆破があったにもかかわらず彼の体は無傷であり、そのかわり首を絞められた跡がありました。

スコットランド女王メアリ

追い詰められる女王

ダーンリー殺人容疑でメアリと結婚したがっていた愛人のボズウェルが逮捕され、メアリも共謀を疑われました。が、ボズウェルにはアリバイがあったので無罪釈放となりました。すると彼は釈放されてすぐ、メアリをさらうように、ダンバーの自分の城に連れ去ってしまいます。こういう荒っぽさはメアリにはたまらなかったようで、ダンバー城にいる間にボズウェルは妻との離婚手続きを済ませ、エディンバラに戻ると堂々と結婚します。なんと目まぐるしい次から次への恋愛展開でしょう。愛らしいから、男たちが途切れることなく彼女に寄ってくるのでしょう。華があるのです、メアリには。

さて、メアリは女王としてこの新たな夫をオークニー公に任じます。しかしここに来て国内の声が、女王贔屓だった民衆の反応が変わってきます。いくらなんでも前夫ダーンリーが死んでほんの三カ月で、しかも前夫殺しの犯人と噂されるボズウェルと再婚するなんてと、おまけにオークニー公にするとは、と非難の声が上がってきたのです。ノックスもまったくモラルが立たないと厳しく女王を指弾します。

ちょうどジェイムズ五世の庶子であり、メアリの異母兄で親プロテスタントのマリ伯ジェイムズ・スチュアートが長らくいたイングランドから戻ってきたところでした。マリ伯はこの事態を知るや、すぐに反ボズウェルの軍を起こし、ボズウェルとメアリがそのときいたボースウィック城を囲みます。ボズウェルは、囲みを破って自分の居城であるダンバー城にメアリを連れてともかく逃れます。そこでまだメアリに忠誠を示していた勢力を集め、イングランドとの国境付近でマリ伯らに率いられた軍とぶつかります。しかし双方の勢いの差は歴然で、ボズウェルは敗れ逃げ落ちますが、メアリはマリ伯の軍に降伏します。

彼女はエディンバラの北約三〇キロメートルの、リーブン湖に浮かぶ小島の城に幽閉され、そこで退位を迫られました。かくしてスコットランド女王メアリは、一歳一カ月のわが子ジェイムズに王位を譲りました。

けれどもプライドの高い彼女は、自分をまだ慕ってくれるカソリック派の兵士六〇〇〇名を、そんな状態でどうやって呼んだのかは不思議ですが、とにかくかき集めて、グラスゴー郊外のラングサイドでマリ伯軍と戦います。が、しょせんは指揮も士気もなにもないただの寄せ集めであり、簡単にマリ伯軍に蹴散らされてしまうのでした。

メアリは逃亡し、なんとイングランドへ向かいました。フランスから戻ってきてから、実にいろいろあったように感じられるこれまででしたが、メアリがこの間スコットランドにいたのは、足掛け八年に過ぎませんでした。それに対し、逃亡先のイングランドで過ごした日々は、はるかに長い一九年におよぶものでした。

イングランド王位請求権

メアリのイングランドでの生活は、エリザベス一世女王による監視・幽閉という形でした。けれども決して不自由というわけではなく、彼女はイングランド国内をあちこち巡っていました。もっとも自分の国に突然飛び込まれたエリザベスにとっては、メアリの存在は鬱陶しく、迷惑かつ不快だったことは間違いありません。というのも、メアリは先にフランスで述べた、ある「いちゃもん」をここでも主張していたからです。

――自分にはイングランドの正統な王位継承権がある。それはエリザベスよりはるかに上位のものである。――

メアリの祖父ジェイムズ四世の妃、つまりメアリの祖母は、イングランド近代の幕開けを告げたテューダー朝の開祖ヘンリー七世（ヘンリー・テューダー）の娘、マーガレット・テューダーでした。つまりマーガレットの孫であるメアリの体には、テューダー朝のイングランド王家の血が流れています。他方エリザベスは、ヘンリー七世の息子でマーガレットの弟であるヘンリー八世の娘です。ただヘンリー八世の娘とはいっても、エリザベスは正妻ではないアン・ブーリンの子、すなわち庶子でした。王位継承においては庶子のプライオリティは低いものだったのです。

そのことを、イングランド王家の正統な継承ラインを出自とする身として、当時フランス王妃だったメアリとフランス王宮側が声高に訴えたので、エリザベスは泡を食ったわけでした。このメアリのアピールは当時、イングランドから縁を切られた教皇庁はもちろん、ヨーロッパ各国の理解も得ました。その結果、慌てたイングランド議会がエリザベスを嫡出扱いとしたのですから、相当な狼狽だったことは確かです。

エリザベス暗殺計画

こういう経緯で、イングランドに来てからもこのことをちょくちょく持ち出すメアリに、エリザベスはうんざりしていたのです。たぶん、メアリはこれを言いたくて、そしてあわよくばイングランドの女王になりたくて、やってきた気持ちは十分あったでしょう。エリザベスも立場としてはメアリの従叔母ですから、無下に追い返すわけにもいきません。

しかし、そんなエリザベスも、もう決断せざるを得ない事件が起こります。一五八六年八月、カソリックの聖職者ジョン・バラードとメアリの小姓を務めていたアンソニー・バビントンが企てたエリザベス暗殺計画が発覚したのです。メアリをイングランド女王にするためであり、メアリもこれに関わっていました。世にいう「バビントン陰謀事件」です。

迅速に裁判が開かれ、メアリに死刑の判決がくだされました。それでもエリザベスはなかなか死刑執行書にサインはしませんでした。が、翌一五八七年二月、ついに署名します。かくして二月八日、スコットランド女王メアリは斧で首を刎ねられ、その四四年の生涯を閉じました。

その一六年後の一六〇三年三月二四日。エリザベス一世女王は六九歳で生涯を終えました。国家と結婚したといわれるほど、エリザベスはイングランドの繁栄のために王位を務めあげ、独身を貫きました。当然ながら、彼女には子供がいません。イングランドの王位継承者をもうけなかったエリザベス一世。大変なことになりました。

でも、いたのです。王位継承者が。ヘンリー七世の、つまりエリザベスのおじいさんの、イングランド王家の正統な血をひく人間がスコットランドに。ジェイムズ六世。メアリが残した、たった一人の息子でした。

ジェイムズ一世誕生

エリザベスが他界したとき、スコットランド国王ジェイムズ六世は三六歳でした。若いころは摂政のマリ伯ジェイムズ・スチュアートの補佐もあって、王として可もなく不可もない、そこそこの統治を行っていました。そのジェイムズがいるエディンバラのホリールード宮殿に、ロンドンのイングランド王宮から特使が到着しました。エリザベス没後三日のことです。超特急でした。

特使ロバート・ケアリーが持ってきたもの。それはエリザベスの訃報とイングランド王位継承の要請書でした。メアリの息子スコットランド王ジェイムズ六世は、れっきとしたイングランドの王位継承者でもありました。母方の高祖父がヘンリー七世でしたから。

問題は、ジェイムズ六世がこの特使が来る前に、つまり事前に、自分はエリザベス没後にイングランドの王位を継ぐことになるのを知っていたかどうかです。それは、知っていたというのが正解です。晩年のエリザベス一世が、側近を通じてジェイムズ側にそれとなく伝えていました。さすがイングランドの君主です。ちゃんと自分の国の行く末を考えています。ゆえに、ジェイムズがやってきた特使を見て、「ついに来た」と思ったのは間違いありません。

かくしてエディンバラを発《た》ったジェイムズは、一六〇三年七月二五日、ロンドンのウェストミンスター・アベイで、運命の石が収められている戴冠の椅子に座って、戴冠の儀式に臨みました。さあ、ここで思い出してください。かつて伝えられていた運命の石にまつわる予言を。

——運命が欺かない限り、この石のあるところ、われらスコット人が統治する。——

そう、スコットランド人の王ジェイムズは、運命の石のあるところ、すなわちイングランドの王となりました。予言は、ついに果たされたのです。ここにスコットランドとイングランドが同じ王を戴く、いわゆる「同君連合」は誕生し、これ以降ジェイムズ六世は両国の君主として、新しくジェイムズ一世と呼ばれるようになりました。

永遠のメアリ

そのジェイムズ一世は、母メアリの墓をピータバラ大聖堂からウェストミンスター・アベイに移しました。カソリックだったメアリは英国国教会の膝元に埋葬するのは無理だったので当初はピータバラ大聖堂に葬られたのですが、息子がイングランド王になったので、そういうことが可能になったのです。ジェイムズの母への思いですね。ジェイムズはその後、スコットランドへ一回しか帰らなかったそうです。イングランドが、華のロンドンがよほどよかったのでしょう。

いまウェストミンスター・アベイには、エリザベス一世もメアリも一緒に眠っています。筆者はかつて、この寺院を訪れたスコットランドから来た中年の女性が、メアリの棺の前で佇《たたず》み、「私たちスコットランド人はここウェストミンスター・アベイにあるメアリの墓を見ると、涙が止まらない」と、ハンカチで目頭を押さえていたのを思い出します。

美しく、恋多き、勝ち気で、お騒がせ女王だったメアリ。彼女に夢中になり、また彼女を非難したのは同じスコットランド人でした。しかし歴史はいま、メアリへの多くの思慕をスコットランド人にいだかせているようです。

さて、同君連合から一〇四年後の一七〇七年。スコットランド王国とイングランド王国は合同法によって合併し、大きな、新たな「グレートブリテン連合王国」が形成されたのは世界史で知る通りです。そして月日はさらに流れ、私たちがいるいまに近づいてきました。運命の石も、新時代のうねりに巻き込まれていきます。

二、故郷への帰還

優しい警備員

――これはいける！――

一九五〇年九月。ウェストミンスター・アベイに下見に来ていたイアン・ハミルトンは、戴冠の椅子に収められている運命の石を見て確信しました。奪える、と。ハミルトンはグラスゴー大学で法律を学ぶ学生であり、スコットランド愛国主義者でした。

グラスゴーに戻った彼は仲間を集めにかかります。その結果、同じグラスゴー大学の学生からアラン・スチュアート、ギャビン・ヴァーノンが、またハミルトンの友人で科学教師ケイ・マセソンの三人が実行役として参加することになりました。さらに、グラスゴー市会議員でスコットランド愛国主義者団体の副議長であるバーティ・グレイがブレーンおよび資金サポート役としてメンバーに入りました。

二台のフォード・アングリアが用意されました。それらに分乗したハミルトン、スチュアートト、ヴァーノン、マセソンの四人はグラスゴーから一路南下、ロンドンに向かいます。そして同年一二月二三日、つまりクリスマスイヴの前日、「運命の石奪還作戦」が始まります。それは、世界じゅうがテロでピリピリしている今日から見れば、なんとも人々のセキュリティ意識のゆるい、ある意味牧歌的な時代に起こった、不手際だらけの、それでも大成功したくわだてでした。

フォード・アングリア（写真：TopFoto/アフロ）

その日、まずハミルトンが一人、金てこをコートに隠してウェストミンスター・アベイに入り、閉館後もアベイ内に潜みました。しかし彼は運悪く、アベイを巡回していた警備員にみつかってしまいます。が、その警備員、ハミルトンをホームレスと思い込み、小銭を与えてアベイの外に出します。夢にもこいつは変だなあとか、ドロボーだとか警備員さんは思わなかったのですね。優しい人です。かくしてこの日の運命の石奪還作戦は失敗し、仕切り直しとなりました。

人のいい警官

翌二四日。クリスマスイヴの、あたりは真っ暗な午前四時。二台の車のうち、一台のアングリアに乗り込んだ四人は小路からアベイの庭に侵入し、建物のわきで車を止めます。女性のマセソン一人を運転席に残し、男三人はアベイの「詩人のコーナー」のドアを大して困難もなくこじ開け、アベイのなかに入りました。簡単に車で建物に横付けされたことといい、ドアを突破されたことといい、そこらじゅうに監視カメラやレーザー検知装置が設置されている現在の防犯感覚からは、ちょっと信じられませんね。

戴冠の椅子に達した三人は、運命の石を椅子から外しにかかります。でもこれがうまくいきません。石が想像以上に重いのです。それでも懸命に引っ張り出した刹那、運命の石は床に落下。大小二つの塊に、見事に割れてしまいました。

あとからわかったことですが、運命の石にはもともとひびが入っていたということです。一九一四年に熱烈な婦人参政権論者たちがアベイに侵入して爆弾を投げつけたことでそうなったともいわれていますが、くわしいことはわかりません。

三人は慌てました。でもうかうかしてはいられません。ハミルトンは自分のコートを素早く脱ぐと床に敷き、割れて二つになった石を皆でそのうえに置き、さっき入ってきたドアに向かって一斉にコートをずるずると引きずります。でも石の重さでなかなか進みません。

そこでハミルトンは作業を楽にしようと、二つに割れた石の小さいほうをかかえ、とりあえず一人で外に出ます。そしてアベイの外でマセソンが乗って待っていた車のトランクに石を降ろし、再びアベイのなかに戻ろうとしたとき、一人の警官がゆっくりと近づいてくるのが見えました。咄嗟にハミルトンは車に乗り込み、マセソンと抱き合います。カップルのふりをしたのです。

「こんなところに車を止めて、どうかしたか?」と聞く警官。「ロンドンに着いたのが遅かったのでもう泊まれる宿がなく、ここにいる」と、答える二人。イブの夜明け前、可哀そうに思ったのか、警官はハミルトンに煙草《たばこ》をくれました。彼は前日も小銭を警備員からもらっています。やっぱりみんな優しい時代なのです。警官は二人と少し雑談をしたあと、ここから立ち去るようにいい、車はアベイを離れました。外のやりとりを、息を殺して聞くスチュアートとヴァーノンと大きい塊の運命の石をアベイのなかに残して。

アベイに出たり入ったり

いったん離れてやや時間を置いたハミルトンは、車を降りてアベイに戻ります。一方マセソンはそのまま小さい塊の石を積んだ車を運転し、ロンドンを離れます。ハミルトンは再びアベイのなかに入りました。が、そこに二人はいませんでした。大きい塊の運命の石もありません。

急いで外に出たハミルトンは、アベイの庭でなにかにつまずいてよろめきます。大きい塊の運命の石でした。たぶんスチュアートとヴァーノンがここまでひいて来て、諦めて石を置いて去ったのだと考えたハミルトンは、もう一台のアングリアに向かいました。でも大変です。車のキーがありません。はっと気がつきました。運命の石を引っ張るために敷いた自分のコートのポケットに、キーを入れたままだった、と。

そこでハミルトンはキーを探しに、今日三度目のアベイ侵入となりました。まったくなんというセキュリティでしょう。同一人物が前日も含めてこれで四回、誰にも気づかれずにアベイのなかに楽々と入れてしまうのですから!

さておき、なかは真っ暗、しかも広く、それでも彼はマッチを擦り擦り、奇跡的にキーを見つけます。急いで外に停《と》めてあるアングリアに戻ってアベイに横付けし、石を車に載せそこを離れました。その途中の路上で、偶然にも彼は歩いているスチュアートとヴァーノンを発見するのです。アベイの外に出ても車は待っておらず、もう一台の車のキーも持っていなかった二人はミッションを放棄するしかありませんでした。

ハロッズの前で石を落とす

仲間と大きいほうの石を無事収容したハミルトンのアングリアは、しかしすぐにスコットランドへは向かいませんでした。北に通じるすべてのルートには緊急の検問が敷かれるであろうことを見越し、逆に南へ向かいました。彼らはロンドンの南、ロチェスター近郊の森に大きい塊の運命の石を隠し、グラスゴーに帰っていきました。その途中、運命の石を捜す当局の検問にあいましたが、無事通り抜けました。そしてその翌週、今度は別の仲間を三人連れてハミルトンはロチェスターの森に戻り、石を回収し、グラスゴーに持ち帰ったのでした。

一方、マセソンが運転するもう一台のアングリアのトランクに入れられた小さいほうの運命の石です。アベイのわきに止めた車に近寄ってきた警官を見て、ハミルトンが慌ててトランクのふたを閉めたせいでしょう、トランクは半開き状態でした。で、そのまま運転していたマセソンは、ハロッズの前でドスンと、なにかが落ちた音に気がつきます。

急いで車を止めた彼女は道路に石が転がっているのに気がつき、トランクに戻します。結構力があったのですね。そのまま彼女はバーミンガムの友人の家に行き、クリスマスを楽しんだあと、そこに石を入れたままのアングリアを残してグラスゴーに帰ります。その車と石を、後日ハミルトンが引き取りに来てグラスゴーに運んだのでした。

グラスゴーではこの奪還計画の資金面の支援者で、実質的なブレーンであるグレイの指示によって、割れた運命の石の二つの塊は真鍮《しんちゅう》の管とセメントで元のように接着されました。そして新たに作られた木箱のなかに収められ、グレイの仲間たちによって運命の石は内密に保管されました。ハミルトンもその隠し場所を知らないほどでした。

お咎《とが》めなし

ウェストミンスター・アベイから運命の石が消えたことで、当然ながらロンドンじゅうが大騒ぎになりました。警察は懸命に捜索しました。でも、なかなか手掛かりが得られません。なにか大きな石のようなものをケンジントンガーデンズの橋から池に投げ込んだやつがいるとの怪しい情報にも当局は飛びついて、ハイドパークのサーペンタイン・レイクにボートをたくさん浮かべて水のなかを探しました。無駄な努力でした。有力情報提供者には二〇〇〇ポンドの懸賞金を与えるとの声明も出しました。金目当てのいい加減な情報しか集まりませんでした。

けれども警察の捜査は、やがて実を結びます。グラスゴーのある図書館に、運命の石に関する蔵書を調べたハミルトンの記録があったのです。警察はハミルトンを尋問しました。そしてその交友関係からすぐにマセソンが判明。残りも次々とわかりました。もちろんハミルトンたちは運命の石をスコットランドに奪還するため、このミッションを実行したわけです。

ただ、持って帰ってくることにとりあえず成功してから、彼らの気持ちが変化し始めました。彼らとて、石をこれから確実に安全に隠し続けられるというあては、なかったのです。そこで、いつの日か運命の石をスコットランドに戻すと国王ジョージ六世が請け合ってくれるのなら、石を安全に保管できる当局に返してもいい――そう、ハミルトンは取り調べにあたる警察官に言いました。

ここで思い出してください。イギリス（連合王国）の国王は、もちろんスコットランドの王でもあります。ジェイムズ一世以来、スコットランド人の血が脈々と流れているのですから。ゆえに、ハミルトンたちは、「彼らの国王」の言葉にはしたがう姿勢を見せたというわけです。

ただ、実際にジョージ六世の確約があったかどうかは、なんともいえません。そのころ国王は病床にありましたので。が、少なくともハミルトンたちは国王が言ったと信じ、かくして話はまとまりました。犯行グループの実質的なリーダーである資金係のグレイは、その旨、石を秘密裏に保管している仲間に連絡します。

ときに一九五一年四月一一日。運命の石はアーブロース・アベイで当局に渡されました。あの「アーブロース宣言」が作成された、スコットランド人には誇り高き場所です。そして、この事件に関わったハミルトンたち全員には、処分は下りませんでした。下手に罪を科せば、スコットランド・ナショナリズムが一気に燃え上がりかねない微妙なイッシューであることは、当局もわかっていたのです。[*1]

戦後のナショナリズム

と、イギリスじゅうを騒がせた運命の石奪還事件を一気に語ってきましたので、時代背景の説明が後回しになってしまいました。この、ハミルトンたちのくわだてが敢行された一九五〇年代の初頭は、全イギリス国民が一丸とならなければならなかった第二次世界大戦が終わり、スコットランド愛国主義運動など、再びイギリスの国内問題が大きくクローズアップされるようになってきた時代でした。

そもそもスコットランドに近代ナショナリズムが芽生えたのは一九世紀後半であり、産業革命の進行と密接につながっていました。グラスゴーを中心に、もともと伝統的な産業だったスコットランドの造船業は、近代的なネピア造船所を筆頭に、当時の英国経済を支える屋台骨になるほど世界的発展を遂げました。都市部にはスコットランド各地から人々が流入し、多くの労働者を含む市民階層が形成されていたのです。

地域が興隆すれば、その地域は自信を持ちますし、英国中央政府に主張をするようになります。スコットランドにこのころ、歴史的な民族感情に立脚した自治への思いが高まってきたのは、自然な流れでした。

これら自治を含んだスコットランドの民族的要求は、政治的にはまず、一八八八年に結成されたスコットランド労働党、そして現在のレイバー（イギリス労働党）の起源である独立労働党、さらにレイバーへと、その担い手が継承されていきました。その後、一九三四年に創設されたスコットランド国民党（SNP）が、スコットランド自治の主張を継承し、それは、やがてスコットランドの独立要求へと次第に変遷を遂げていくのです。

そのSNPは、第二次大戦直後のイギリス総選挙の結果、中央議会、すなわち連合王国議会（イギリス国会）に初めて議員を送り出すことに成功します。ハミルトンたちが運命の石奪還作戦におよんだバックグラウンドには、この、大戦後に再び高揚してきたスコットランド・ナシヨナリズムの大きな流れがありました。彼らの計画は決して唐突な、一揆《いっき》主義的なものではなかったということです。

仕込まれたメッセージ

話を運命の石に戻します。かくしてイングランドに返された運命の石は、その後ウェストミンスター・アベイの戴冠の椅子に再び収められ、一九五三年六月二日、エリザベス二世女王の戴冠式を迎えることになります。実は、この戻ってきた運命の石には、ある仕掛けがしてありました。石を当局に返す前、犯行グループのブレーンであるバーティ・グレイは、二つに割れた石をつなぐ真鍮管のなかにメッセージを入れました。そこにはこう記されていました。

一九五一年三月。運命の石。この石はスコットランドのものである。しかるに一二九六年、イングランド国王エドワード一世によって奪い取られてしまった。そのときより、この運命の石がウェストミンスター・アベイにずっと留め置かれていたままになっていたことを、英国国教会は認め、これを恥じよ。この運命の石は、一七〇七年に休会になったスコットランド議会が再び開かれる日に向け、スコットランドに返還されなければならない。[*2]

戴冠の椅子に座して戴冠式に臨むエリザベス二世女王
（写真：AF archive / Alamy Stock Photo）

（Steel,Tom, *Scotland's Story*　筆者訳）

つまりウェストミンスター・アベイの戴冠の椅子には、このメッセージが仕込まれた運命の石が再び収められていたのであり、エリザベス二世はこの戴冠の椅子に座って、戴冠の儀式を執りおこなったのです。ひょっとしたら、女王はお尻のあたりがなんだかむずむずしていたかもしれませんね。

一世か、二世か

さらにこんな動きもありました。グラスゴー大学の学長であるジョン・マコーミックや先のハミルトンなどスコットランド愛国主義者たちは、今度は即位したエリザベス女王にクレームをつけました。彼らが問題にしたのは、エリザベス女王の「二世」という称号《タイトル》でした。なぜならば、イングランドはともかく、スコットランドにエリザベス一世という女王はもともと存在せず、したがってタイトルをつけるならばエリザベス二世ではなく、エリザベス一世とすべきなのだ、と。

マコーミックたちはこれを一七〇七年に成立した、スコットランド王国とイングランド王国が合併した際の法的根拠である「合同法」違反にあたると、司法に訴えました。結局、裁判所は、広く国民になじんでいるこういうタイトルのつけ方が不当であるとは認められないし、そもそも合同法には国王のタイトルの規定はないと、彼らの訴えを却下しました。

そこで、歴史に「もしも」はありませんが、一応仮定の話をしてみます。万が一この裁判、司法当局が原告の訴えを認めて一世が妥当であるとしていたら、どうなっていたでしょう。あたり前ですがそのときは、イングランド側が黙っているはずはありません。スコットランドは二世が駄目、イングランドは一世が駄目。この論争は双方の歴史と面子がかかった引くに引けない事態となってイギリスじゅうが大混乱になるのは必至だったでしょう。

ただ、タイトルの問題もさることながら、スコットランド愛国主義者たちにとっては、女王のエリザベスという名前自体が、いい響きがするものではなかったように推測されます。というのも前章で見たように、スコットランド女王メアリの斬首を許可したのはエリザベス一世です。そのエリザベスは、スコットランドにも侵攻し、エディンバラ条約を勝ち取りました。

愛国主義者たちは、複雑な心境でもあったと想像できます。スコットランド人国王ジェイムズ一世の子孫であり、スコットランド人の血を受け継いでいる彼らの君主でもある女王が、エリザベスという、彼らには決して祝福されるはずのない名前であったのですから。もしかしたら女王に、自発的に名前を変えてもらうのをうながすことが、この訴えの本音だった？　おっと、邪推し過ぎでした。さすがにそれはないでしょう。

続いた奪還の試み

ところで運命の石奪還のくわだては、ハミルトンたちだけで終わったのではありません。その後も二回ありました。それらはすべて未遂でした。まず一九六七年六月一四日、二五歳のスコットランド人青年がウェストミンスター・アベイから石を持ち出そうとしました。が、当然ながら、一人で持ち上げるにはあまりにも重過ぎて失敗しました。青年は罰金七ポンド一〇シリングと保護観察という処分を受けました。

一九七四年九月四日には二四歳の、スコットランド人を両親に持つイングランド生まれの青年が運命の石の持ち出しにチャレンジしました。今回の青年はそれなりに用意周到でした。犯行一カ月前にはアベイを下見していました。この点ではハミルトンと同じです。運命の石を持ち上げる滑車や石を載せる手押し車を自分で造り、持ち去る車も準備していました。ハミルトンたちはアングリア、それも二台でしたが、青年はミニ一台でした。

アベイのなかに潜んだまでは成功しました。滑車で石を釣り上げるところも半分は成功しました。でもやっぱり運命の石は重かったのです。滑車のロープをかけていた戴冠の椅子の鉄製の装飾部分が壊れ、運命の石が手押し車のうえに落下。手押し車は壊れましたが石は無事でした。

そのとき、椅子に設置されていた警報器が作動、大きな音が出て青年は御用となりました。青年は南ロンドンのブリクストン刑務所にいったん入れられましたが、結局不起訴となり釈放されました。

それにしても、この一九七四年の運命の石奪取未遂事件が起きたのはＩＲＡ（アイルランド共和軍）の爆弾テロ、すなわちイギリス国会議事堂爆破事件（一九七四年六月一七日）の直後です。死者こそ出ませんでしたが、負傷者は一一名にのぼり、ロンドンじゅうに厳重な警戒体制が敷かれ、みんなピリピリしていたころです。その割には簡単にウェストミンスター・アベイに侵入できてしまったわけですから、どこか妙です。そんな神経質にアベイを警備すると、かえっていろいろなところから反感を買う、ということでしょうか。

また、ハミルトンたちのときもそうでしたが、この二件の未遂事件とも実行犯たちに下った処分は実に寛大でした。スコットランドの感情を変に刺激したくないという英国中央政府の考えが、どうしても見え隠れします。

英国首相の声明

振り返ってみれば、第二次大戦後に高まってきたスコットランドのナショナリズムの波は、前述の通り一九七〇年代初頭のスコットランド近海における北海油田の開発にも後押しされて、さらに大きくなっていったのは疑いないでしょう。UKから離脱しては、スコットランドは経済的にもおぼつかないという、この地域の人々が長くかかえてきた不安を、北海油田という存在が塗り替え始めたのです。一九世紀後半は造船業が、そして二〇世紀後半は北海油田、すなわち資源が、スコットランドという地域に一層の自信を持たせたということでしょう。

それにともない、イングランドに止め置かれたままの状態になっているスコットランドのシンボル、運命の石の問題も、根本的な解決が求められるようになっていました。強くなってきたスコットランドという時代の新ステージを見極めた英国中央政府が、自発的に、平和的に、そろそろ運命の石を故郷へ返還すべき頃合いが迫っていたのです。

そして区切りのいい年、エドワード一世が運命の石をスコットランドから奪い去ってから七〇〇年にあたる年が巡ってきました。一九九六年七月三日。ジョン・メイジャー首相はイギリス国会庶民院（下院）に向け、声明を発表しました。

運命の石は、スコットランド王権の最も古い象徴であり、一三世紀の末まで、歴代スコットランド王の戴冠式に用いられてきた。いまからちょうど七〇〇年前の一二九六年、エドワード一世がスコットランドから持ち去り、ウェストミンスター・アベイに置き留めた。以来、運命の石は王家の所有となった。私はいま、議会に告知したい。女王陛下は大臣たちの助言のもと、運命の石をスコットランドに返還すべき旨、同意したことを。この運命の石は、将来、連合王国の君主たちが戴冠式に臨む折には、その伝統的な役割を果たすため、当然のことながら、ウェストミンスター・アベイにまた運ばれることになるだろう。運命の石はスコットランド人の心に特別の位置を占めている。スコットランドから持ち去られて七〇〇周年の今年、この石をその歴史的な故郷へ返すことはまことにふさわしい。

私は、運命の石がスコットランドの適切な場所に置かれるであろうことを確信する。政府は運命の石の設置場所に関し、スコットランドの人々や教会と協議を進める予定である。運命の石は、欧州で最も古いスコットランドの宝冠とともに、エディンバラ城のクラウンルームで展示されるであろう。あるいは同城内の聖マーガレットの礼拝堂か、それともセント・ジャイルズ大聖堂に置かれるか。いずれにせよ、これらの協議が終了次第、必要な手続きが執られ、運命の石はしかるべき尊厳を払われスコットランドに持ち運ばれるだろう。

（Aitchison, Nick, *Scotland's Stone of Destiny*　筆者訳）

かくして、英国中央政府による運命の石のスコットランドへの返還は決まりました。一九九六年一一月一三日、運命の石はウェストミンスター・アベイの戴冠の椅子から取り外されました。そして一一月一五日。筆者はロンドン北部フィンチリー・セントラルの自宅フラットのテレビで、運命の石がスコットランドに帰っていくのを、ずっと見守っていたのでした。

註

＊1　運命の石がウェストミンスター・アベイから奪還されたこの事件については、Nick Aitchison 著 *Scotland's Stone of Destiny* および Mark Naples, David Bews 共著 *The Stone of Destiny: In Search of the Truth* を参考にしています。

＊2　原文は次の通り。

March 1951. Stone of Destiny. This Stone belongs to Scotland. It was stolen by Edward I of England in 1296. The Church of England should be ashamed to admit that they allowed this piece of stolen property to remain in Westminster Abbey from that time. It must be returned to Scotland for the re-opening of the Scottish Parliament which was never closed but only adjourned in 1707.

エピローグ　スコットランドよ、何処《いずこ》へ

どれだけの人が知っていた？

運命の石は、いまエディンバラ城のクラウンルームに置かれています。ここが安住の地になるのか、あるいは今後、スコットランドの別の場所に移されるかどうかはなんとも言えません。が、ともかく長い長い不在の期間を経て、運命の石はいま間違いなくその歴史的故郷にあるのです。

さて、本書ではこの運命の石を、スコットランドの魂であるとか、スコットランドのシンボルであるといったような表現をしてきました。それは間違いではありません。ただ、スコットランドの歴史を振り返ったとき、いったいどれだけのこの地の人々が、運命の石というものの存在を知っていたのか、という素朴な疑問は残ります。

もちろん運命の石は本書で述べてきたように、スコットランドの歴代の王たちの戴冠時の儀式に欠かせないものとして使われてきました。したがって、王は当然ながら、貴族たち、戴冠

式を執りおこなう聖職者たち、そしてその周囲にいるスコットランドの上位階層の人たちは運命の石の存在と、その意義と役目を知っていたのは確実です。

しかしこれらの人々は、スコットランドという広い地域のなかで考えるなら、数としてはきわめて少数です。山岳部のハイランドや島嶼部、イングランドとのボーダー地域のあらゆる階層の人々を含め、みんなが一様に運命の石とその役割をきちんと理解していたかどうか、ましてやそれがスコットランドの魂であるということを知っていたのか。そのあたりは疑問だらけです。

近代になってからの問題

しかもその運命の石は、一三世紀末にエドワード一世に奪い取られ、長い間スコットランドにはありませんでした。石が持って行かれてから三〇七年後、イングランドに招かれたジェイムズ六世（一世）がウェストミンスター・アベイで戴冠式を行ったとき、戴冠の椅子に収まっている運命の石を見て、どう思ったのでしょうか。「おお、こんなところにあったのか」だったでしょうか。それとも、「なんだ、これは？」だったのでしょうか。

運命の石が戻ってきたのはつい最近です。七〇〇年もスコットランドになければ、人々の関心は当然薄れるでしょう。その存在すら知らなかった人々も決して少なくないはずです。たとえば、前章で述べた一九五〇年の運命の石奪還事件です。実行犯のイアン・ハミルトンは計画を実行する前、図書館に行きました。愛国主義者の彼ですら、運命の石について知るための下調べが必要だったのです。しかもちょっとした驚きだったのは、ハミルトンが調べにいったグラスゴーのミッチェル図書館にあった運命の石に関する蔵書は、当時わずか三冊でした。石の故郷スコットランドの伝統ある大きな図書館で、関係図書のこの少なさです。

結局、運命の石の問題は近代になってから、具体的には一九世紀後半以降のスコットランド・ナショナリズムの高まりと歩調を合わせ、より多くの人々に知られてきたように思えます。その過程で第二次世界大戦直後のハミルトンたちの運命の石奪還事件があり、そのことがスコットランド全体に運命の石というものの存在をさらに広く知らしめ、人々の関心を高めていったのだろう、と。運命の石は、ゆえに近代スコットランド・ナショナリズムの産物である、ということが一面ではいえるのかもしれません。

簡単にはできない住民投票

その運命の石は、すでにスコットランドに帰還しています。しかし、スコットランド・ナショナリズムは運命の石が戻っても収まるどころか高まる一方です。スコットランドはどこに行くのでしょうか。本当に独立してしまうのでしょうか。

つい最近の二〇二一年九月、イギリスの「フィナンシャルタイムズ」紙が次のように報じました。英国はスコットランド西部のクライド海軍基地を、戦略核ミサイルを搭載した原子力潜水艦の母港にしています。スコットランドが独立した場合、その原潜の母港を、スコットランドからほかの地域に移す緊急対応計画を英国中央政府が秘密裏にまとめたというのです。

もっとも、新聞にすっぱ抜かれるくらいですから秘密裏もなにもあったものではなく、わざとリークした可能性が大です。もしそうなら、移転はあくまでもスコットランドのUK離脱への牽制であり、本気で母港を移すことは考えてはいないということでしょう。ただ、中央政府としては、スコットランドが現実に独立してしまう場合に備えた体制作りをしておかなければならない時期に来ているのは確かです。

本書のプロローグで述べましたが、スコットランドがUKから離脱するにはスコットランド全域において住民投票を実施し、過半数の独立賛成票を獲得する必要があります。ただし、この住民投票は中央政府の了解がなければ実施できません。

少なくとも現段階において、ボリス・ジョンソン英国首相はスコットランドに住民投票を再度実施させる意向はまったくありません。既述のようにキャメロン首相時代に一度ゴーサインを出して肝を冷やしたことが中央政府にはありました。おいそれとは住民投票を許可できないのです。それでも歴史にはなにがあるか、なにが起こるかわかりません。スコットランドにおいて住民投票を実施せざるを得ない日が来ないとは、絶対にいいきれないのです。

スコットランド人の君主エリザベス二世

そこで考えます。スコットランドの人々は本当にUKから離脱することを、独立することを望んでいるのかと。スコットランド人でもない筆者が意見を述べてもまったく詮ないことかもしれませんが、とことん外野の人間であるからこそいえる部分が、もしかしたらあるのでは、と思うのです。

一番言いたいのは、スコットランド人は英国（UK）の国王と本当に決別できるのか、ということです。現エリザベス二世女王は、まぎれもないスコットランドの君主です。英国は連合王国ですから。よって、この英国から独立するということは、スコットランド人は自らの国王を失うということになります。

少し歴史を振り返りましょう。イングランドにおいてはノルマンの征服によってアングロサクソン人の王朝が終了してから、征服者のノルマン朝、ノルマン系フランス人のアンジュー朝（プランタジネット朝）、ウェールズ人系のテューダー朝と王家が続きました。そしてテューダー朝最後の君主エリザベス一世が跡継ぎの実子を残さず他界したあと、スコットランドからテューダー朝の開祖であるヘンリー七世の血をひくスコットランド国王ジェイムズ六世を招き、イングランドとスコットランドの共通の王、つまり同君連合の国王ジェイムズ一世が誕生しました。

以来、スチュアート朝、ハノーヴァー朝、ウィンザー朝と王家は変わりましたが、このスコットランド人国王ジェイムズ一世の子孫が連合王国イギリスの国王ということです。したがって、現エリザベス二世女王はスコットランド人の血をひいた、紛れもないスコットランドの人々の君主なのです。

UKの王を捨てられるか

こういう次第でスコットランドには英国王室の館がいくつかあります。エディンバラのホリールード宮殿やアバディーンシャーのバルモラル城は英王室外交の舞台になったり、女王や王室ファミリーが休暇で寛《くつろ》ぐ場になったりと、スコットランド人にとっても親しみのある館です。

筆者がちょうどロンドン留学中の一九九七年、ダイアナさんが交通事故で亡くなり、イギリスじゅうが悲嘆にくれる出来事がありました。けれどもバッキンガム宮殿には喪を表す半旗は掲げられておらず、女王たち王室ファミリーはスコットランドのバルモラル城でわいわいと夏季休暇中で、なかなかロンドンに帰ってこようとはしません。

で、業を煮やしたときのトニー・ブレア首相が、バルモラル城にいるチャールズ皇太子に電話でやんわりと文句を言うことがありました。まあ、そのくらいスコットランドは女王を筆頭に英国王室が羽根をのばせる場所であり、そういう王室をスコットランド人も身近に思っていたのです。

しかし、もしスコットランドが独立すれば、もはやUKの一員ではなくなり、フランスやドイツなどと同じく外国ということになります。当然、英国君主は彼らの君主ではなくなります。この事態を、これまであたり前のように存在していた自分たちの君主がいなくなるという現実を、スコットランド人は素直に受け入れるでしょうか。イングランド人と同じくらい、スコットランド人はスコットランドの血を受け継ぐ現英国王室に親しみを感じているはずなのです。

あのスコットランド人の名優、故ショーン・コネリーはがちがちのスコットランド愛国主義者でした。しかし、そんな彼もエリザベス女王からナイトの称号をもらったときは、まんざらでもない顔をしていました。というか、嬉しそうでした。名優は女王が嫌いではなかったのです。彼らスコッツの君主なのですから。

独立とは大変なこと

スコットランドの独立派は、独立後もこれまでの通貨であるポンドは維持したいとしています。なにかUKにいたときのいいところは持って行きたいという感じがして、これはちょっと調子がいいかな？と思います。また、独立派は、独立後はEUに加盟すると言っています。でも、新しい独立国としてEUに加盟することは、そんなに容易ではないはずです。

そして、北海油田もさることながら、近年の欧州随一ともいわれるスコットランド東方沖の強力な洋上風力発電という、脱炭素時代の期待のエネルギー資源の存在が、スコットランド独立派を後押ししています。ただ、いま見る限りにおいては、ここにはノルウェーをはじめ欧州各国の思惑が入り乱れ、スコットランドがうまくこの新エネルギー資源獲得の主導権を握ることができるかどうかはわかりません。

つまり、独立は大変なことなのです。連合王国にいたとき、ともにわかち合い、楽しんでいた娯楽、文化、芸術、音楽、さまざまなパフォーマンス……UK人として享受していたメンタリティの部分を、スコットランド人が精算できるか。そして、経済面で確たるあてをもって自立できるか。ここは冷静に考えなければなりません。

平和的なスコッツ

筆者はかつて、初めてスコットランドに行ったときのことを思い出します。もうだいぶ前、ロンドンからBAのシャトル便でエディンバラに飛んで、空港からタクシーでエディンバラ市内に向かった際のことです。運転手が「ジャパニーズ？」と聞いてきたので、「イエス」と応えると、なんだか楽しそうにこんなことを言ってきました。

「ジャパンはいいよねえ。モンキーが温泉に入ってるんだもんなあ。行ってみたいよ」

たぶん、この運転手は自宅のテレビで、ニホンザルが温泉に浸《つ》かっている雪の景色を見たのでしょう。日本でもその様子がちょくちょくテレビや雑誌で紹介され出したころです。このとき思いました。「そうかあ。オレの国はおサルも温泉に浸かるのどかな国だと思われているんだ。悪くはないな……」と。

それが、筆者のスコットランドおよびスコットランド人のイメージができあがった瞬間でした。平和的でのんびりとした日々を愛する人たち、またそういう人たちを育んだのがスコットランド……という。

出て行った先の世界は……

同時に、筆者は典型的なステレオタイプのスコットランド観をいだいている日本人でもあります。つまり、スコットランドといえばバグパイプ、キルト、タータンチェック、スコッチウィスキー、蛍の光、アニー・ローリー、ゴルフの聖地セント・アンドリューズ、ネッシー、故ショーン・コネリー、ユアン・マクレガー、ロバート・カーライル等々……。

我々日本人が、外国人に日本のことをフジヤマ、ニンジャ、ゲイシャガールと一緒に自動車、コンピュータ、アニメ、スシ、ラーメンなど新旧ごちゃ混ぜに言われて「またか」とうんざりするのと同じで、スコットランド人は筆者の、平和的まったり的スコットランド像と、お土産品的印象が混在したカオス的スコットランド観を耳にしたら、たぶん苦笑いするでしょう。

結局、外国人、つまり日本人の筆者がスコットランドのUKからの分離・独立を語ったり、予測したり懸念したりすることは、当のスコットランド人にとっては的外れの分析や指摘だらけで、「どれだけ我々のことをわかっているというのだ、ほっとけ。こっちの問題なのだから」ということになるでしょう。

それでも、それを承知のうえで、筆者にはスコットランドの行く末が気になります。外に出て行ってしまった先に待っている世界は、UKよりはるかに冷たい気がしてならないのです。ブリテン島においては、ウェールズ、イングランド、そしてスコットランドという三つの大きな地域がせめぎ合い、争いながら歴史が刻まれて来ました。ウェールズは一三世紀末にエドワード一世によって征服されいち早く独立を失い、一六世紀のヘンリー八世の時代にイングランドに併合されました。

スコットランドは本書で語ってきた通り、一七世紀初頭にイングランドと一緒に同君連合を形成し、一八世紀初頭からは連合王国＝UKとなって、現在に至りました。そのUKの君主である現英国王室であるウィンザー家には、ウェールズ人の血も、スコットランド人の血も、もちろんイングランド人の血も入っています。そして、それぞれの地域独自の言語はありますが、この三地域の人々は今日の世界言語でもある英語を母語としています。この絆は彼らが考えている以上に太く強いはずです。

スコットランドは、それでもUKから出て、外国になっていくという選択をするのでしょうか。イングランドとの歴史の荒波に洗われてきた運命の石は、スコットランドのこれからをどう思っているのでしょう。石の声を、新しい予言を聞きたいものです。

運命の石は本物？　偽物？

さて、最後になりました。本書では運命の石について、スコットランドとイングランドの抗争の歴史を背景に語ってきたわけですが、この運命の石が本物なのか、偽物なのかという論争が古くからあります。

もっとも古くからとはいっても、大昔のこと、たとえばカナンのベテルで族長ヤコブが枕にしたころとか、スコッタとともにエジプトからやってきたとかいった時代は、それ自体が伝説ですからとりあえずこのあたりは問題外にしておいて、注目すべきはスクーン修道院に運命の石が置かれてから以降です。最も真面目に言われているのは、一二九六年にエドワード一世がスクーン修道院から持ち去った運命の石は、実は偽物だったという説です。

エドワード一世はスコットランドに大軍を率いて侵入し、あちこち荒らし回ってスクーン修道院にやってきました。よって、修道院の聖職者たちは運命の石の略奪を見越して、事前に隠せる時間は十分にあったというのです。つまりエドワード一世はかわりに置かれた偽物をつかまされて持ち帰ったわけで、以来戴冠の椅子に収められ、ウェストミンスター・アベイでの戴冠式に欠かせないアイテムとなった運命の石は、もとからまがいものだったということなのです。

まあ、なにぶん七〇〇年以上も前のことですし、実際に偽物にすり替えられたかどうかは、もはや確かめようがありません。スクーン修道院の聖職者たちの奪われてたまるかという確固たる意志はなんといっても信憑性がありますし、彼らがイングランド軍の動向を逐一知っていたとしたら、隠せる時間が十分にあったのは確かです。ただ、再度言いますが、いまとなっては確認不可能です。

最も新しいのは、一九五〇年のハミルトンたちの奪還事件です。これも警察は偽物を差し出されて持ち帰ったとされ、本物はスコットランドのどこかにいまも大切に保管されているというものです。

さすがにこれは嘘でしょう。なによりもつい最近の事件ですから、仮にどこかに秘匿されていたとしても、隠しおおせるものではありません。絶対に人の口に戸は立てられませんから。また、当の運命の石の状態や具体的過ぎる証言などから、戻ってきたのは、ウェストミンスター・アベイからハミルトンたちによって持ち出されたものに間違いないでしょう。

歩んできた歴史が大切

ともあれ、前述した運命の石偽物説は氷山の一角であり、実際には数多くの説が存在します。ただ、筆者は運命の石が偽物だろうが本物だろうが、それは別段たいした問題ではないと考えるのです。なぜならば、運命の石として歴史において使われ続けてきたことが、一番重要なわけですから。

仮に、一三世紀末にエドワード一世がスクーン修道院から奪い取ってきた運命の石が偽物だったとしても、その石が戴冠の椅子に収められ、国王の戴冠式にずっと使われ続け、一九五〇年にハミルトンたちが奪還し、そして七〇〇年ぶりに晴れてスコットランドへ帰っていったという歴史的事実は変わりません。そのことが大切なのです。本物か、偽物かどうかよりも。

あとがき

本書は、「運命の石」というきわめて特徴ある、スコットランドのシンボル的存在に焦点を当てながら、スコットランド史をそのはじめから現代にいたるまで追ってきたものです。いわゆる通史とは視点がちょっと違うわけですが、それゆえに「スコットランドのスコットランドたるゆえん」を、多少とも読者の皆様方に提示できたのではないかと考えます。ご堪能いただけましたでしょうか。

いうまでもなく、ブリテン島は、イングランド、スコットランド、ウェールズの各地域より構成されています。これらの地域にはもちろんそれぞれの歴史があり、また互いの地域がときには争ったり、結んだりといった過去がありました。これをひとまとめにして英国史と、大体は語られているわけです。

けれども、その英国史が問題で、たとえばわが国では日本語で書かれた多くの一般読者向け英国史（もしくはイギリス史）関連の書物が出版されていますが、その大部分はイングランドを対象にしたものです。しかもそのイングランドを扱ったものも、ほとんどは近代以降をテーマにした作品であり、なかんずくノルマン征服のあたりやそれ以前のアングロサクソンの時代、あるいはローマン・ブリテンのものはごくわずかです。

著しいのはウェールズです。すぐ読める一般読者向けの、日本語で書かれたウェールズ史関連の単行本あるいは新書といった書籍は、残念ながら筆者の二作品——すなわち、『イングランド王国と闘った男—ジェラルド・オブ・ウェールズの時代』（吉川弘文館、二〇一二年）、『物語 ウェールズ抗戦史—ケルトの民とアーサー王伝説』（集英社新書、二〇一七年）——を入れても、五指に足るかどうかです。さすがにスコットランドはそこまでではないものの、日本語で記された通史は翻訳ものを中心に決して多くはありません。

こういう「偏った」わが国における英国史関連の出版状況に一石を投じるといったら大げさですが、偶然にも筆者の専門と興味の対象が中世および中世以前の英国ということもあり、これまであまり人が手をつけてこなかった分野を書いてきました。そうしたなかでの本書『スコットランド全史—「運命の石」とナショナリズム』の刊行ということだったのです。

そしてこの本書の出版をもって、集英社新書における筆者の「誰も書かなかった英国史三部作」――これは筆者が勝手に付けたシリーズ名ですが――はここに完成しました。すなわち、一作目がノルマンの征服以前に存在したアングロサクソン人の王国と英雄たちを描いた『消えたイングランド王国』（二〇一五年）、二作目がアーサー王伝説を背景にウェールズ人のイングランド国王誕生を劇的に著した前述の『物語 ウェールズ抗戦史―ケルトの民とアーサー王伝説』、そして三部作最後の本書ということです。

少々脱線気味になりますが、筆者は三部作、いわゆるトリロジー（trilogy）という言葉に深い思い入れをいだいていました。もうだいぶ前、アメリカの都会派作家ポール・オースター（Paul Auster）のニューヨーク三部作（The New York Trilogy）、つまり『シティ・オブ・グラス』『幽霊たち』『鍵のかかった部屋』の三作品を読んで、この作家が醸し出す都会の漂流感の虜になりました。

以来、兎《と》にも角《かく》にもトリロジーという言葉が頭のなかに棲《す》みついてしまい、いつかは自分の世界なりに三部作を出せればいいなあと、考えるようになりました。今回、本書を出せたことで英国史の分野でその願いが叶《かな》い、念じればなんとかなるものだと、ひとり喜んでいるというわけです。もちろん、三部作を出せたからといってこれで終わりではまったくなく、今後も新たなテーマで書き続けるつもりです。

さて、本書を刊行するに際し、集英社新書編集部部長の西潟龍彦さん、そして気鋭の編集者である吉田隆之介さんには大変お世話になりました。ここに御礼申し上げます。また、いつも拙稿の最初の読者で厳しく内容をチェックしてくれる妻に大感謝です。そして、そろそろおばあちゃんの年齢に差しかかってきた筆者のエネルギーの源泉、ミニチュアダックスフントのナナ、今回もありがとう！

桜井俊彰

二〇二二年六月

参考文献

Aitchison, Nick, *Scotland's Stone of Destiny*, The History Press, 2009.

Davies, R.R., *Domination and Conquest: The Experience of Ireland, Scotland and Wales 1100-1300*, Cambridge University Press, 1990.

Donaldson, G. and Morpeth. R.S., *A Dictionary of Scottish History*, John Donald Publishers Ltd., 1977.

Garmonsway, G.N., ed. and trans., *The Anglo-Saxon Chronicle*, J. M. Dent & Sons, 1953.

Gillingham, J., Griffiths, R.A., and Morgan, K.O., ed., *The Oxford History of Britain vol.II: The Middle Ages*, Oxford University Press, 1992.

Joyce P.W., "The Lia Fail or Coronation Stone of Tara", *The Wonders of Ireland, 1911.* Libraryireland.com https://www.libraryireland.com/Wonders/Lia-Fail-1.php（accessed 29th Aug. 2021）

Lynch, Michael, *Scotland: A New History*, Pimlico, 1992.

Mackay, James, *William Wallace: Brave Heart*, Mainstream Publishing, 1995.

Mackie, J.D., *A History of Scotland*, Penguin Books, 1991.

McClure, Judith and Collins, Roger ed. and intro., *The Ecclesiastical History of the English People*, Oxford University Press, 1994.

Mitchison, Rosalind, *A History of Scotland*, 2nd ed., Routledge, 1990.

Naples, Mark and Bews, David, *The Stone of Destiny: In Search of the Truth*, 2nd ed., Mark Naples and David Bews, 2021.

Prestwich, Michael, *Edward I*, Yale University Press, 1997.

Prestwich, Michael, "Colonial Scotland: The English in Scotland under Edward I", in Mason, R.A., ed., *Scotland and England 1286-1815*, John Donald Publishers Ltd, 1987.

Scott, R.M., *Robert The Bruce: King of Scots*, Canongate Books Ltd, 2014.

Skene, W.F., ed., *John of Fordun's Chronicle of the Scottish Nation*, Edmonston and Douglas, 1872.

Southern, R.W., *Medieval Humanism and Other Studies*, Basil Blackwell, 1970.

Steel, Tom, *Scotland's Story*, Harper Collins Publishers, 1994.

The Declaration of Arbroath: 700th Anniversary Display, National Records of Scotland, 2020. https://www.nrscotland.gov.uk/files//research/NRS_DoA_English_booklet_700_Spreads_WEB.pdf

"MoD could move UK nuclear subs abroad if Scotland bresks away", *Financial Times*, 2nd Sept. 2021. https://www.ft.com/content/2e73ab9d-772b-4112-871a-24207f0e982a（accessed 27th Nov. 2021）

"Stone of Scone goes home to Scotland after 700 years", *The Times*, 4th July 1996.

シェイクスピア、福田恆存訳『マクベス』新潮文庫、一九六九年

ジェフリー・オヴ・モンマス、瀬谷幸男訳『アーサー王ロマンス原拠の書　ブリタニア列王史』南雲堂フェニックス、二〇〇七年

ナイジェル・トランター、杉本優訳『スコットランド物語』大修館書店、一九九七年
フランク・レンウィック、小林章夫訳『とびきり哀しいスコットランド史』筑摩書房、一九九四年
リチャード・キレーン、岩井淳・井藤早織訳『図説スコットランドの歴史』彩流社、二〇〇二年
ロザリンド・ミチスン編、富田理恵・家入葉子訳『スコットランド史―その意義と可能性』未來社、一九九八年
青山吉信編『世界歴史大系　イギリス史1―先史~中世』山川出版社、一九九一年
朝治啓三・渡辺節夫・加藤玄編著『中世英仏関係史 1066-1500 ―ノルマン征服から百年戦争終結まで』創元社、二〇一二年
外務省「スコットランド~日本との知られざる絆と独立問題」『わかる!国際情勢』vol.120 https://www.mofa.go.jp/mofaj/press/pr/wakaru/topics/vol120/index.html（accessed 13th Jul. 2021）
『旧約聖書』一九五五年改訳、日本聖書協会、一九七八年
桜井俊彰『英国中世ブンガク入門』勉誠出版、一九九九年
桜井俊彰『消えたイングランド王国』集英社新書、二〇一五年
常見信代「スコットランドと「運命の石」―中世における王国の統合と神話の役割」『北海学園大学人文論集』第一九号、二〇〇一年七月
常見信代「スコットランドと「運命の石」―中世における王国の統合と神話の役割（続）」『北海学園大学人文論集』第二一号、二〇〇二年三月
富沢霊岸『イギリス中世史―大陸国家から島国国家へ』ミネルヴァ書房、一九八八年

中島裕介『イギリス解体の危機―ブレグジットが開けたパンドラの箱』日本経済新聞出版、二〇二一年
森護『スコットランド王国史話』中公文庫、二〇〇二年
森護『英国王室史話』上　中公文庫、二〇〇〇年

桜井俊彰（さくらい　としあき）

一九五二年、東京都生まれ。歴史家、エッセイスト。一九七五年、國學院大學文学部史学科卒業。一九九七年、ロンドン大学ユニバシティ・カレッジ・ロンドン（UCL）史学科大学院中世学専攻修士課程（M.A. in Medieval Studies）修了。主な著書に『消えたイングランド王国』『物語 ウェールズ抗戦史 ケルトの民とアーサー王伝説』『長州ファイブ サムライたちの倫敦』（集英社新書）など。

スコットランド全史《ぜんし》「運命《うんめい》の石《いし》」とナショナリズム

二〇二二年六月二二日 第一刷発行

集英社新書一一一九D

著者……桜《さくら》井《い》俊彰《としあき》

発行者……樋口尚也

発行所……株式会社集英社

東京都千代田区一ツ橋二─五─一〇 郵便番号一〇一─八〇五〇

電話 〇三─三二三〇─六三九一（編集部）

〇三─三二三〇─六〇八〇（読者係）

〇三─三二三〇─六三九三（販売部）書店専用

装幀……原 研哉

印刷所……凸版印刷株式会社

製本所……加藤製本株式会社

定価はカバーに表示してあります。

ISBN 978-4-08-721219-8 C0221

Printed in Japan

a pilot of wisdom